Fern Green

Nachhaltig kochen

Nachhaltig genießen

Mit viel Wissen für den Einkauf,
Tipps zur Vorratshaltung und 90 kreativen
Rezepten für einen grüneren Planeten

INHALT

Einleitung

Möchten Sie mehr über Ihre Ernährung erfahren? Möchten Sie jeden Tag Gerichte essen, die der Umwelt kaum schaden? Dieses Buch wird Ihnen und Ihrer Familie helfen, sich verantwortungsvoller und nachhaltiger zu ernähren. Es ist oft schwierig, eine Ernährungsweise zu finden, die nicht schädlich für die Umwelt ist und dafür sorgt, dass langfristig ein ökologisches Gleichgewicht erhalten bleibt. Wie entscheide ich mich täglich für gutes Essen – das kann sich in unserem Alltag als echte Herausforderung erweisen. Dieses Buch möchte Ihnen Werkzeuge an die Hand geben, mit denen Sie Ihre nachhaltige Ernährung planen, umsetzen und auf den Tisch bringen können.

Auch wenn Sie saisonale Nahrungsmittel kennenlernen, sich vollwertig ernähren, Fleischportionen verkleinern, Abfall reduzieren und Mahlzeiten planen, so werden Sie sich nicht über Nacht nachhaltiger ernähren. Doch auch die kleinen Veränderungen im Leben helfen, unseren Einfluss auf den Planeten zu reduzieren. Unsere Entscheidungen werden keine Umweltschäden ungeschehen machen oder den Klimawandel aufhalten, doch wenn wir bestimmen, was wir essen, kann uns dieses Bewusstsein Mut machen. Wenn wir alle stärker auf eine nachhaltige Ernährung setzten, was könnten wir für unsere Welt in Bewegung bringen?

Wie beeinflusst unser Essen unsere Umwelt?

Vom landwirtschaftlichen Anbau über Weiterverarbeitung, Transport und Lagerung bis hin zum Wegwerfen von Lebensmitteln – alles, was wir essen, hat Auswirkungen auf Umwelt und Klima.

✳ Essen spielt in unserem Leben eine zentrale Rolle. Wir essen, um zu überleben.

✳ In den vergangenen 50 Jahren hat sich viel verändert. Ein Großteil heutiger Lebensmittel unterscheidet sich von früheren und wird anders zubereitet.

✳ Während einige Teile der Welt nichts zu essen haben, leiden in anderen Menschen an Übergewicht.

✳ Millionen Tonnen Lebensmittel werden zu Biokraftstoff verarbeitet, um Autos zu füttern statt Menschen.

Es muss sich etwas ändern.

Was läuft falsch im Lebensmittelsystem

Nachfolgend eine Liste mit den sieben häufigsten Fehlern unseres heutigen Lebensmittelsystems:

1 Flächennutzung

Die Produktion von Fleisch und Milchprodukten nimmt drei Viertel der weltweiten Landwirtschaftsfläche ein. Ein Viertel dient dem Anbau von Tierfutter. Der weltweite Fleischkonsum wird bis 2050 vermutlich um 57 % ansteigen.

➡ *Essen Sie weniger Fleisch und Milchprodukte und suchen Sie nach Alternativen.*

2 Gesundheit

Unsere Ernährung beeinflusst unsere Gesundheit. Zu viel Fleisch und Junkfood führen zu Herzerkrankungen, Schlaganfällen und Krebsleiden.

➡ *Machen Sie sich bewusst, was Sie täglich essen. Entscheiden Sie sich für eine ausgewogene Ernährung.*

3 Hohe Emissionen

Die Aufzucht von Tieren für unseren Verzehr trägt mit 14,5 % zu den jährlichen globalen Treibhausgasemissionen bei.

➡ *Führen Sie »fleischlose Montage« ein, um den Fleischkonsum zu reduzieren. Essen Sie bevorzugt Hähnchen, das die Umwelt geringer belastet.*

4 Mangelnde Vielfalt

Die Landwirtschaft setzt nur auf zwölf Pflanzen und fünf Tierarten. Die fehlende Vielfalt unserer Nahrung macht diese anfällig für Klimawandel, Schädlinge und Krankheiten und verringert den Lebensraum für Bienen und Tierwelt.

➡ *Probieren Sie für eine ausgewogene Ernährung zur Abwechslung Wild und Vollkornprodukte.*

5 Herkunft des Fleisches

Eine fleischlastige Ernährung wirkt sich in armen Ländern auf deren Bewohner aus. In Paraguay sind Landgemeinden stark von riesigen Feldern mit genmanipuliertem Soja umringt. Europa ist der größte Importeur von Tiernahrung.

➡ *Lesen Sie beim Fleischkauf die Etiketten und kaufen Sie möglichst Fleisch aus lokaler Bio-Haltung mit Grasfütterung.*

6 Klimawandel

Den Klimawandel in den Griff zu bekommen, ist wesentliche Voraussetzung für eine ausreichende Lebensmittelproduktion. Vor allem extreme Wetterlagen bedrohen unsere eigene Lebensmittelversorgung.

➡ *Lernen Sie neue Methoden der Gemüsezubereitung kennen. So können Sie beim Einkauf die richtigen Entscheidungen treffen.*

7 Mangel an Fisch

In unseren Ozeanen findet sich immer weniger Fisch. Über 70 % der weltweiten Fischvorkommen sind bereits verschwunden.

➡ *Recherchieren Sie im Internet, ob in Ihrer Region ganzjährig nachhaltig gefangener Fisch zu kaufen ist.*

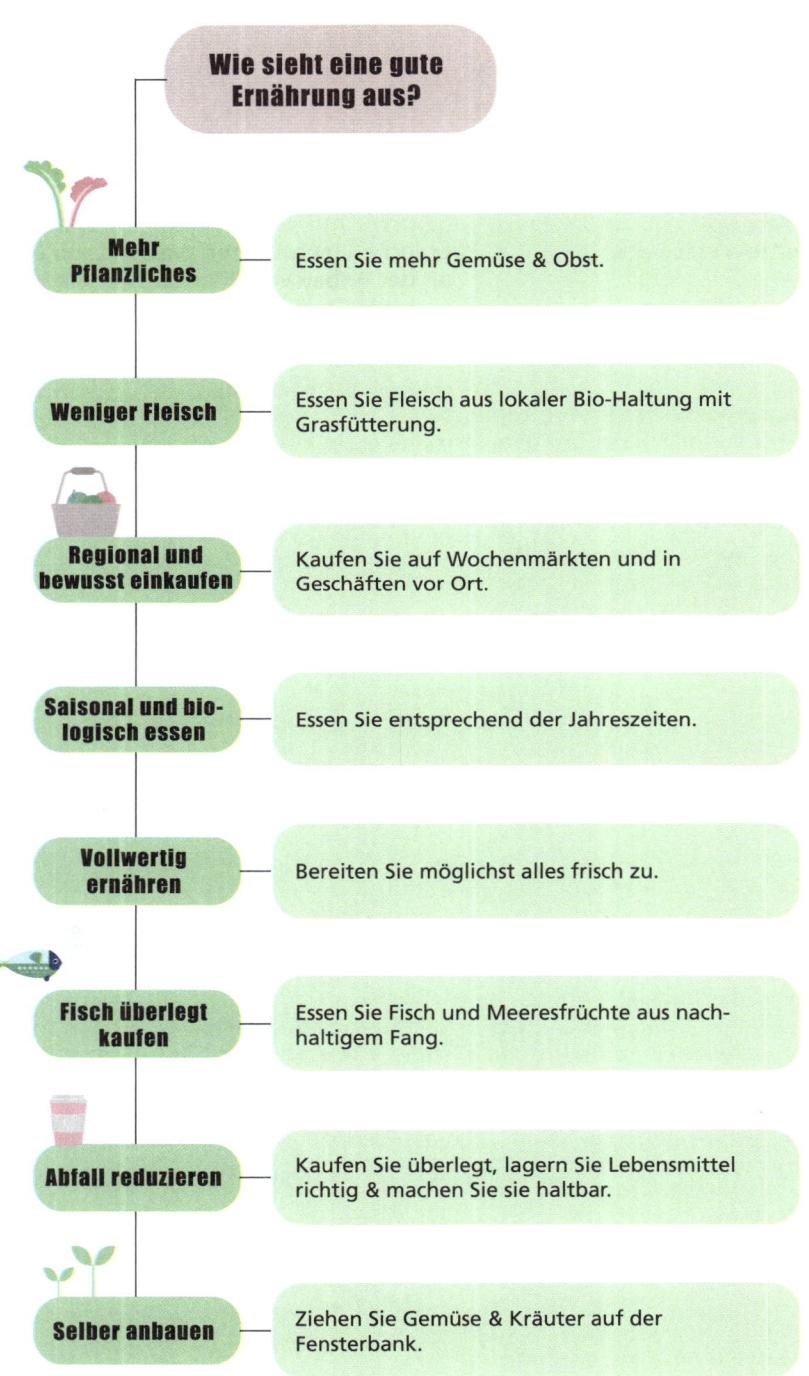

Wie sieht eine gute Ernährung aus?

Mehr Pflanzliches
Essen Sie mehr Gemüse & Obst.

Weniger Fleisch
Essen Sie Fleisch aus lokaler Bio-Haltung mit Grasfütterung.

Regional und bewusst einkaufen
Kaufen Sie auf Wochenmärkten und in Geschäften vor Ort.

Saisonal und biologisch essen
Essen Sie entsprechend der Jahreszeiten.

Vollwertig ernähren
Bereiten Sie möglichst alles frisch zu.

Fisch überlegt kaufen
Essen Sie Fisch und Meeresfrüchte aus nachhaltigem Fang.

Abfall reduzieren
Kaufen Sie überlegt, lagern Sie Lebensmittel richtig & machen Sie sie haltbar.

Selber anbauen
Ziehen Sie Gemüse & Kräuter auf der Fensterbank.

Wie sieht eine gute Ernährung aus?

Wo fangen Sie an? Am Anfang sind Sie von den Entscheidungen überfordert, die Sie tagtäglich treffen müssen. Es ist ein langsamer Weg hin zu einer nachhaltigen Lebensweise. Es kommt darauf an, Vorhandenes zu nutzen, weniger zu verschwenden und unbeirrt den eigenen nachhaltigen Weg zu gehen.

Lesen Sie zu Beginn diese Schritte. Überhasten Sie nichts und nutzen Sie dieses Buch.

1 Stärker auf Pflanzliches setzen

Wenn Sie für eine ausgewogene Ernährung zur Hälfte Gemüse und Obst auf den Teller bringen, ist das ein guter Anfang hin zu einer stärker pflanzlichen Ernährung. Planen Sie saisonale Produkte ein – so schonen Sie Umwelt und Geldbeutel. Eine pflanzliche Ernährungsweise hilft, den Süßwasserverbrauch auf unserem Planeten zu reduzieren und der Abholzung der Wälder entgegenzuwirken. Im Kapitel 2 finden Sie passende Rezepte.

Ein Glas Milch produziert fast dreimal mehr Treibhausgase als ein Pflanzendrink. Diesen können Sie selber herstellen (S. 18), denn fertig gekaufte Pflanzendrinks haben ebenfalls Vor- und Nachteile. So wird ein Mandeldrink meist aus kalifornischen Mandeln hergestellt, die mehr Wasser benötigen als ein anderer Milchersatz, während Kokosmilch von Kokosnüssen stammt, die nur auf Bäumen in den Tropen wachsen. Hier kann die weltweite Nachfrage zur Ausbeutung lokaler Arbeitskräfte und Zerstörung des Regenwaldes führen. Nischenkulturen wie Hanf oder Leinsamen werden nur in kleinen Mengen angebaut. Der daraus gewonnene Drink enthält viele Proteine und gesunde Fette. Hafer wird in kälteren Klimazonen angebaut und fördert nicht die Abholzung der Wälder.

2 Den Fleischverbrauch senken

Die Fleischproduktion trägt wesentlich zur Entstehung von Treibhausgasen bei – vor allem die Rinderzucht, und die Umweltbelastung steigt, denn die Aufzucht und der Transport der Tiere brauchen mehr Futter, Wasser, Land und Energie als der Anbau von Pflanzen. Für die eigene gesunde Ernährung und die unseres Planeten sollten wir mehr nicht-tierische Proteine wie Nüsse oder Hülsenfrüchte zu uns nehmen und unseren Fleischkonsum überdenken.

Wenn Sie sich dennoch für Fleisch entscheiden, dann sollte es möglichst von Tieren stammen, die respektvoll behandelt wurden. Achten Sie darauf, ob es von regionalen Bio-Bauern geliefert wird.

3 Regional und bewusst einkaufen

Regional einzukaufen heißt auch, bei kleinen Metzgereien, Gemüse- und Fischhändlern zu kaufen, doch es wird immer schwieriger, kleine eigenständige Läden zu finden, da ihnen die Supermärkte das Leben schwer machen. Kaufen Sie auf dem Wochenmarkt, wo meist saisonale Produkte regionaler Erzeuger verkauft werden. Zudem wird dort weniger verpackte Ware angeboten. Wenn Sie vor Ort keine kleinen Händler oder Märkte finden, dann lesen Sie die Etiketten der Supermarktprodukte und schauen Sie, ob auch dort regionale Produkte im Regal stehen. So verringern Sie die Umweltbelastung durch den Transport der Lebensmittel. Wählen Sie Produkte mit Fairtrade-Siegel. Das bedeutet, dass Produzenten einen fairen Preis für ihre Waren erhalten.

Wenn Sie auf dem Wochenmarkt einkaufen, werden Sie feststellen, dass Sie sich mit den Lebensmitteln, ihrem Anbauort und ihrem Weg vom Feld auf den Teller wesentlich stärker verbunden fühlen.

❹ Saisonal und biologisch essen

Je nachdem, wo auf der Welt Sie zu Hause sind, sind Planung und Vorbereitung erforderlich, um sich saisonal zu ernähren. Wenn Sie an einem Ort mit vier ausgeprägten Jahreszeiten leben, dann kann es Zeiten geben, in denen Sie Produkte kaufen, die um den halben Erdball gereist sind. Die Bedürfnisse jeder Familie mögen unterschiedlich sein, doch Planung und Zubereitung saisonaler Speisen sind gleich.

Das Aufstellen eines Speiseplans und die Verwendung eines Saisonkalenders (S. 34) sind äußerst hilfreich. So können Sie sich rechtzeitig auf die bevorstehende Jahreszeit einstellen. Schon in der Erntezeit, zu Beginn des Herbstes, können Sie für Winter und Frühjahr vorsorgen.

Biologische Lebensmittel, die Bauern ohne Zugabe chemischer Pestizide sowohl bei der Aufzucht der Tiere als auch der Pflanzen produziert haben, können teuer sein. Wenn Sie auf Ihren Geldbeutel achten müssen, dann wählen Sie Produkte, die höchste Qualität zum besten Preis bieten. Gemüse und Obst mit essbarer Haut oder Schale, wie Paprika, Erdbeeren, Kartoffeln oder Äpfel, oder mit großer Oberfläche, wie Staudensellerie, Salate oder Kräuter, sollten möglichst biologisch sein. Wenn Sie sich für konventionell angebautes Obst und Gemüse entscheiden, dann wählen Sie jene, die Sie schälen können, wie Zitrusfrüchte und Bananen.

❺ Vollwertkost auf den Speiseplan

Frisch gekochtes Essen ist vollwertig. Natürliche und chemiefreie Lebensmittel, die nicht verarbeitet sind, sind vollwertig. Es macht Spaß, frische und einfache Lebensmittel wie Gemüse, Obst und Getreide zu essen. Durch die industrielle Verarbeitung werden Lebensmittel ihrer natürlichen Nährstoffe und deren Nutzen beraubt. Mit naturbelassenen Lebensmitteln nehmen Sie die von Natur aus enthaltenen Nährstoffe zu sich ohne weitere Zusatzstoffe.

Vollwertkost ist besser für den Blutzucker und verringert den Heißhunger auf Süßes. Vollwertkost fördert die Verdauung und gibt mehr Energie, da der Körper weniger Energie für den Abbau der Nahrung benötigt. Bauen Sie Bohnen, Linsen, Trockenbohnen und Kichererbsen in Ihre Ernährung ein. Hülsenfrüchte gelten als die nachhaltigsten und billigsten Lebensmittel, da sie sich dem Klimawandel anpassen, Kohlenstoff im Boden binden und den Ausstoß von Methan durch Nutztiere wie Rinder senken, die sie fressen. Zudem sind sie reich an Ballaststoffen, Nährstoffen und pflanzlichem Eiweiß.

❻ Fisch überlegt kaufen

Es sollte eine pflanzenhaltige Ernährung im Vordergrund stehen, doch auch Fisch ist im Rahmen einer nährstoffreichen Ernährung eine gute Wahl, liefert er doch Omega-3-Fettsäuren. Informieren Sie sich, woher der Fisch stammt. Er sollte möglichst nachhaltig gefangen sein, denn dann enthält er in der Regel mehr Omega-Fettsäuren. Sardellen, Sardinen, Hering, Makrele, Forelle, Miesmuscheln, Calamari, Krebs, Fischöl und Algen sind gut für unsere Gehirnleistung. Ein Sardinen-Rezept finden Sie auf S. 162.

Einigen Arten droht die Überfischung oder sie werden nicht artgerecht aufgezogen. Wenn Ihr Fisch auf der Liste der zu meidenden Fische steht, dann probieren Sie eine Alternative (S. 12–13). Mehr Infos finden Sie unter fischratgeber.wwf.de sowie unter wwf.panda.org, und international können Sie sich unter www.worldwideaquaculture.com informieren.

❼ Abfall verringern

Experimentieren Sie mit Gemüse. Entwickeln Sie Kreativität, wie Sie alle Teile verwenden können. Vom Karottengrün über Dicke-Bohnen-Hülsen bis hin zu Sellerie- und Rote-Bete-Blättern, Kürbiskernen, Stielmus, Fenchelgrün, Erbsensprossen und Kräuterstängeln. Je mehr vom Gemüse Sie verwenden, desto weniger Abfall fällt an. Zudem haben Sie eine extra Mahlzeit. So rechnet es sich auch, Bio-Produkte zu kaufen. Ein Rezept für Fermentierte frische Kräuter finden Sie auf S. 230.

Um Lebensmittelabfall im Kühlschrank zu vermeiden, richten Sie ein Fach für die Dinge ein, die Sie zuerst essen. Alles, was geöffnet, halb gegessen oder fast abgelaufen ist, kommt in dieses Fach. Vor dem Kochen schauen Sie zuerst, was dort liegt, denn eine halbe Dose Bohnen, klein geschnittenes Gemüse oder welke Blätter können wunderbar weiterverwendet werden.

Backen Sie Obst aus der Obstschale. Manchmal hat man einfach zu viel Obst, das schnell gegessen werden muss. Backen Sie es im Ofen und essen Sie es mit Joghurt zum Frühstück. Die Frühstücks-Fruchtriegel stehen auf S. 42.

Noch ein Tipp, um Kräuter länger frisch zu halten: Feuchten Sie ein Küchentuch an und wringen Sie es aus. Wickeln Sie die Kräuter darin ein und legen Sie diese in den Kühlschrank. Auch Reste müssen richtig aufbewahrt werden. Schraubgläser sind ideal für Tofuwürfel oder vorbereitete Dressings, während ein sauberes Tuch oder ein Teller über einer Schüssel mit Essen alles bis zum weiteren Verzehr frisch hält.

⑧ Gemüse & Co. selber anbauen

Nicht jeder hat einen Garten, aber vielleicht haben Sie eine Fensterbank? Statt Kräuter zu kaufen, können Sie diese auf der Fensterbank ziehen. Mit einigen geht das ganz leicht – Versuchen Sie Schnittlauch, Basilikum, Thymian und Rosmarin. Microgreens oder Salatblätter können selber angebaut werden und passen zu vielen Gerichten. Sie wachsen wieder nach, wenn Sie sie kurz schneiden. So haben Sie immer einen Vorrat. Wenn Sie selber etwas anbauen, reduzieren Sie die Menge an Verpackung und Essensresten. Frische Zutaten sind gut fürs Wohlbefinden und schaffen eine Verbindung zur Natur. Schauen Sie sich in Ihrer Nachbarschaft um. So finden Sie vielleicht einen Schrebergarten, den Sie gemeinsam mit anderen bewirtschaften können, oder Sie teilen sich ein Gemüsebeet mit einem Freund – ein grünes Bewusstsein schafft Spaß und neue Freunde.

Fleisch & Nachhaltigkeit

Um die CO_2-Bilanz unseres Fleischkonsums besser einzuschätzen, gibt diese Liste eine gute Übersicht von »kaum nachhaltig« bis zu »sehr nachhaltig« wie etwa beim Hähnchen.

kaum nachhaltig

Lammfleisch

HOCH
20,44
CO_2/KG

HOHER
METHANANTEIL

8763
LITER/KG

Höchster Kohlenstoffausstoß. Produziert etwa 20,44 CO_2 pro kg. Schafe stoßen viel Methan aus, das schädlichste unter den Treibhausgasen. Die Umweltverträglichkeit variiert, je nachdem, ob Sie Fleisch vor Ort oder aus Neuseeland kaufen.

Rindfleisch

HOCH
15,44
CO_2/KG

PRODUZIERT
METHAN

15415
LITER/KG

15,44 CO_2-Emissionen pro kg, 5 kg weniger als beim Schaf, aber dreimal mehr als beim Schwein. Die Rinderzucht benötigt Milliarden Liter an Wasser und produziert Methan. Lokalware oder Import bestimmt die Umweltverträglichkeit.

Schweinefleisch

MITTEL
4,62
CO_2/KG

ETWAS
METHAN

5988
LITER/KG

4,62 CO_2-Emissionen pro kg, und der CO_2-Fußabdruck steigt, wenn das Fleisch transportiert und weiterverarbeitet wird.

Hähnchen & Pute

NIEDRIG
2,33
CO_2/KG

KEIN
METHAN

6,9
LITER/KG

Hähnchen und Pute produzieren kein Methan und brauchen weniger Futter und Wasser. Hähnchen ist hier die beste Wahl. Es produziert 2,33 kg CO_2 pro kg vor Transport und Weiterverarbeitung.

sehr nachhaltig

Wild

SEHR NIEDRIGE
CO_2-BILANZ

ETWAS
METHAN

N/A

Wildfleisch von Hirsch, Fasan, Hase oder Rebhuhn ist empfehlenswert, denn es hat einen sehr geringen CO_2-Fußabdruck. Versuchen Sie das Kaninchen-Rezept auf S. 174.

Der Weg zum nachhaltigen Fleischkonsum

Weniger Fleisch kaufen

- Abfall wird reduziert
- Bessere Übersicht über Portionen
- Beim Metzger oder Bauern vor Ort kaufen – weniger Verpackungsmüll
- Mit reichlich Gemüse, Linsen und Bohnen ergänzen

Nachhaltig produziertes Fleisch wählen

- Fleisch von Bauern kaufen, die kleine Mengen produzieren
- Tiere aus intensiver Landwirtschaft meiden
- Fleisch aus zertifizierter Landwirtschaft bevorzugen
- Bei Hofläden, Metzgern und Bio-Läden vor Ort kaufen, denn diese sind meist ethisch orientiert

Fleisch vom Bauernhof in der Region wählen

- Fleisch von Tieren kaufen, die Futter aus regionaler Herkunft oder aus eigenem Anbau bekommen
- Keine Umweltbelastung durch lange Transportwege des Futters
- Tiere, die Futter aus Erntenebenerzeugnissen erhalten, sind nachhaltiger
- Bei Tieren aus Grasfütterung bleibt der Kohlenstoff im Boden

Alle Teile des Tieres verwenden

- Fleischknochen lassen sich gut für Suppen oder Brühen verwenden
- Zur Abfallreduzierung selten verwendete Fleischstücke kaufen
- Hähnchenschenkel sind schmackhafter als Hähnchenbrüste
- Probieren Sie Innereien

Fisch & Nachhaltigkeit

Mit vielfältigem Nutzen für die Gesundheit ist Fisch eine beliebte Wahl in unserer Ernährung. Es ist wissenschaftlich belegt, dass er das Risiko von Herzerkrankungen senkt, Demenz vorbeugt und eine tolle Proteinquelle darstellt.

	FISCH	GRUND	NACHHALTIGE ALTERNATIVE
⬇⬇	**Kabeljau (GB)**	GERINGE POPULATION	SEEHECHT
	Aal	BEDROHT	SCHOLLE ODER MIESMUSCHELN
	Atlantik-Wildlachs	GERINGE POPULATION	ZUCHTLACHS
	Wittling	GERINGE POPULATION	SEEHECHT
⬆⬆	**Atlantischer Heilbutt**	GERINGE POPULATION	ZUCHTHEILBUTT

nicht nachhaltig

	FISCH / MEERESFRÜCHTE	FANGMETHODE		JAHRESZEIT
⬇	**Austern & Muscheln**	GEZÜCHTET &	UMWELT-VERTRÄGLICH	Ganzjährig
⬇	**Garnelen (Cornwall)**	GARNELENKORB	ANGEL	Juni–März
	Atlantischer Heilbutt	GEZÜCHTET		Ganzjährig
	Hering	SCHLEPPNETZ (PELAGISCHES SCHLEPPNETZ)		Ganzjährig
	Scholle	SCHLEPPNETZ & NETZ		April–Januar
⬆⬆	**Seehecht**	SCHLEPPNETZ & NETZ		April–Januar

nachhaltig

Die Überfischung stellt eine große Bedrohung für die Meereswelt und den marinen Lebensraum dar: 90 % der weltweiten Fischvorkommen sind bereits leer gefischt oder überfischt. Sie helfen mit, den Druck auf die Fischerei zu senken und die Nachhaltigkeit zu fördern, wenn Sie verschiedene Fischarten wählen. Die Liste rechts zeigt die nachhaltigsten Fische. Aktuelle Informationen zu artenschonendem Fischkauf finden Sie auch hier: fischratgeber.wwf.de.

Fisch kaufen

Achten Sie immer auf Informationen zum Fisch, zur Fangmethode oder Herkunft, wenn Sie im Restaurant essen oder beim Fischhändler oder im Supermarkt einkaufen. Bevorzugen Sie Fisch, der auf umweltverträgliche Weise wie das Angeln mit Handleine gefischt wurde. Fangmethoden und Fischzucht sind höchst unterschiedlich und können umweltverträglich, aber auch umweltbelastend sein. Achten Sie beim Kauf auf Öko-Label (siehe rechts).

Saisonales bevorzugen

Genau wie Obst und Gemüse spielt auch beim wild gefangenen Fisch Saisonalität eine Rolle. Paarung und Heranwachsen ist bei jedem Fisch anders und passiert zu verschiedenen Jahreszeiten. Beim Kauf von frischem Fisch sollten Sie Jungfisch sowie Arten meiden, die gerade laichen. So kann sich das Meeresleben fortpflanzen und die Fischbestände werden gesichert.

Saisonalität spielt beim Zuchtfisch keine Rolle, ebenso wenig wie beim Tiefkühl- oder verarbeiteten Fisch, da Sie nicht wissen, wann die Fische gefangen wurden.

Nachhaltigkeit beim Kauf und Verzehr von Fisch:

➡ FISCHFANGMETHODEN MIT GERINGER UMWELTBELASTUNG
Angeln mit Handleinen oder Korbfang und Zuchtfisch aus guten / umweltschonenden Zuchtfarmen, z. B. an Leinen gezüchtete Miesmuscheln

➡ THUNFISCH, ECHTER BONITO (DOSE)
Möglichst Thunfisch kaufen, der mit Angelrute, Handleine oder Schleppangel gefangen wurde

➡ SAISONALITÄT
Ausgewachsener Fisch der Saison (bei Wildfang); jungen Fisch meiden

➡ ÖKO-LABEL AUF DER VERPACKUNG
Bio-Siegel für Zuchtfisch
Aquaculture Stewardship Council (ASC)
Marine Stewardship Council (MSC) mit »blauem Häkchen« für Wildfisch

➡ GUTE ALTERNATIVEN FÜR BELIEBTE ARTEN:

MEIDEN:	BESSERE WAHL:
Alaska-Seelachs	Wels / Zander (Zucht)
Lachs......................	Zuchtlachs
Thunfisch................	Seehecht
Venusmuschel........	Miesmuscheln (Leinenzucht)

Milchprodukte

Kuhmilch trägt entscheidend zur Erderwärmung und Abholzung der Wälder bei. Für die Herstellung werden große Mengen Wasser, Futter und Energie benötigt. Ein Glas Milch soll dreimal mehr Treibhausgase produzieren als ein Pflanzendrink, doch auch dieser hat Nachteile.

MILCHART	CO_2-AUSSTOSS/KG	WASSERVERBRAUCH (LITER)	BODENFLÄCHE (QUADRATMETER)
Milch	3,0	628	9,0
Mandel	0,7	371	0,5
Reis	1,2	270	0,3
Hafer	0,9	48	0,8
Soja	1,0	28	0,7

kaum nachhaltig

sehr nachhaltig

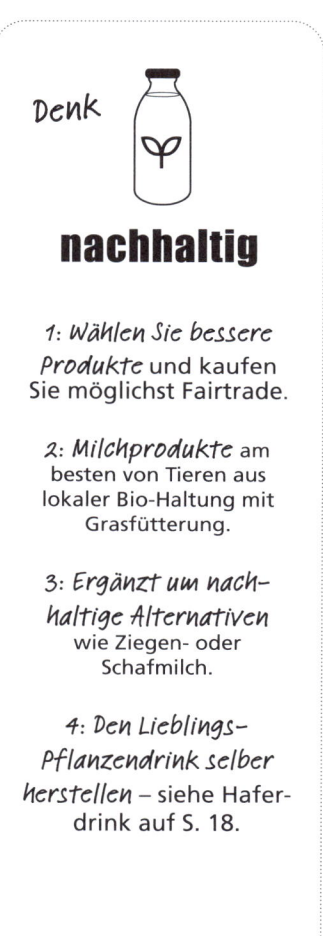

Denk

nachhaltig

1: Wählen Sie bessere Produkte und kaufen Sie möglichst Fairtrade.

2: Milchprodukte am besten von Tieren aus lokaler Bio-Haltung mit Grasfütterung.

3: Ergänzt um nachhaltige Alternativen wie Ziegen- oder Schafmilch.

4: Den Lieblings-Pflanzendrink selber herstellen – siehe Haferdrink auf S. 18.

Milch von Kühen aus Bio-Haltung mit Grasfütterung ist reich an Nährstoffen. Wir können über Pflanzendrinks Nährstoffe aufnehmen, aber diese können stark bearbeitet und mit Pestiziden behandelt sein und so zur massenhaften Abholzung der Wälder und zu einem hohen Wasserverlust beitragen.

Pflanzendrinks sind besser für den Planeten als Milch. Letztere braucht neunmal mehr Fläche als jeder Milchersatz, doch da Pflanzendrinks immer beliebter werden, wächst die Erntemenge, was sich auf die Lebensräume in Entwicklungsländern auswirkt.

Kokosmilch

Diese Milch hat aufgrund des Anbauortes von Kokosnüssen eine schlechte CO_2-Bilanz.

VORZÜGE: Reich an guten Fetten mit antibakteriellen Eigenschaften

GUT FÜR: Latte, Porridge, Smoothies, Backen

Mandeldrink

Dieser Drink hat aufgrund des Anbauortes von Mandeln eine schlechte CO_2-Bilanz.

VORZÜGE: Vitamin D und kein Cholesterin; deshalb gut für ein gesundes Herz

GUT FÜR: Smoothies, heiße Schokolade, Latte, Backen

Reisdrink

Ein Reisdrink hat kaum Nährstoffe und braucht viel Wasser, aber weniger als ein Mandeldrink.

VORZÜGE: Viel Vitamin B und Magnesium

GUT FÜR: Smoothies und Heißgetränke; leicht süßlich

Hanf- und Flachsdrink

Beide werden auf der nördlichen Erdhalbkugel nur in geringen Mengen angebaut und sind somit besser für den Boden als Monokulturen. Sie benötigen wenig Wasser und produzieren Samen, die reich an Proteinen sowie gesunden Fetten sind und eine gute nachhaltige Wahl darstellen.

VORZÜGE: Viele Omega-3-Fettsäuren und tolle Alternative für Veganer

GUT FÜR: Echte Allrounder

Sojadrink

Soja ist in Sachen Eiweißgehalt der Milch am ähnlichsten, benötigt aber große Anbauflächen. Nachhaltiger ist ein Bio-Sojadrink.

VORZÜGE: Viel Eiweiß

GUT FÜR: Ein Allrounder; Kaffee und Heißgetränke; kann aufgeschäumt werden

Haferdrink

Hafer wird in gemäßigten Zonen angebaut und nicht mit der Abholzung der Wälder in Entwicklungsländern in Verbindung gebracht. Belastet die Umwelt kaum und ist nachhaltig.

VORZÜGE: Ballaststoffreich und gut für Nussallergiker

GUT FÜR: Kaffee, kann aufgeschäumt werden

Erbsenproteindrink

Erbsen wachsen oftmals ohne Bewässerung und werden wechselweise angebaut, um den Stickstoff im Boden zu binden und Dünger zu reduzieren. Ihr CO_2-Fußabdruck ist gering.

VORZÜGE: Genauso viele Omega-3-Fettsäuren und Kalzium wie Milch

GUT FÜR: Smoothies und aromatisierte Lattes

GRUNDNAHRUNGSMITTEL

Es macht Spaß und fühlt sich gut an, Nahrungsmittel selber herzustellen. So kann es zur guten
wöchentlichen Gewohnheit werden, die eigene
streichfähige Butter zu machen.
Noch mehr Spaß macht es, wenn Sie andere mit
einbeziehen, vielleicht sogar Ihren Nachbarn.
Eventuell erweist sich dieser ja als echter Brot-
künstler und backt regelmäßig sein eigenes
Brot. Bieten Sie ihm einen Tauschhandel an:
Milch, Butter und Käse im Tausch gegen einige
Brote jede Woche.

Selbst gemachte Butter

Mit diesem einfachen Rezept können Sie für sich, Freunde und Familie in wenigen Minuten Butter herstellen. Nehmen Sie beliebig viel Sahne, doch passen Sie die Salzmenge entsprechend an.

....

Butter selber machen

300 g Sahne / 1 Prise Salz (nach Belieben)
Ergibt 200 g Butter & 100 ml Buttermilch
Utensilien: Handrührgerät oder Mixer

Die Sahne auf höchster Stufe schlagen, bis sich in der Rührschüssel Flüssigkeit absetzt. Mit dem Spatel die Butter weiterschlagen, um überschüssige Buttermilch herauszupressen. Die Butter portionsweise aus der Schüssel nehmen und die restliche Buttermilch herausdrücken. Die Butter zur Kugel formen. Die Buttermilch für einen Brotteig verwenden.

Für eine längere Haltbarkeit die Butter in eine Schüssel mit Eiswasser tauchen und die restliche Buttermilch abspülen. Mit einem Küchentuch trocken tupfen. In die gewünschte Form bringen und abgedeckt kühl stellen. Ungewaschene Butter hält sich im Kühlschrank bis zu 3 Tage, gewaschene, ungesalzene Butter bis zu 5 Tage und gesalzene Butter 2–3 Wochen.

Streichfähige Olivenöl-Butter

Sie können die Butter weiter verfeinern und ein gutes Öl unterrühren. Dieser Aufstrich ist köstlich auf Toast oder zu Gemüse.

....

Olivenöl-Butter selber machen

250 g weiche gesalzene Butter / 250 ml Olivenöl (oder ein kalt gepresstes Öl nach Belieben)
Ergibt 500 g
Utensilien: Küchenmaschine

Die Butter in der Küchenmaschine mit der Pulse-Funktion verarbeiten und dabei das Olivenöl in feinem Strahl hinzugießen. Fertig ist eine gesunde streichfähige Butter.

Im Kühlschrank bis zu 3 Monate haltbar.

Pflanzendrink

Käse

Dies ist ein wunderbar einfaches Rezept für einen selbst gemachten Haferdrink. Die restliche Haferpulpe können Sie für den Rhabarber-Ingwer-Crumble auf S. 192 verwenden, so bleibt kein Abfall.

Wenn Sie einen nachhaltigen Käse herstellen möchten, dann nehmen Sie Milch vom Bio-Bauernhof. Das garantiert gute Tierhaltung und gute Bodennutzung sowie den Verzicht auf giftige Reinigungsmittel in der Herstellung. Sie können Käse auch selber machen.

....

....

Haferdrink selber machen

100 g Haferflocken / 1 TL Ahornsirup
Ergibt 750 ml
Utensilien: Mixer & Musselintuch

Ricotta selber machen

2 l Bio-Milch / 1 TL Salz / 1 TL Zitronensäure
Ergibt 500 g
Utensilien: Passiersieb, oder Ricotta-Form (wenn Sie Spaß daran finden)

Haferflocken, Ahornsirup und 250 ml Wasser 30 Sekunden (nicht länger, sonst wird die Masse schleimig) im Mixer zerkleinern. Durch ein Musselintuch passieren (die Pulpe für das Rezept auf S. 192 verwenden).

Den Haferdrink nach Belieben mit Ahornsirup süßen oder zusätzlich mit Wasser verdünnen. Vor dem Trinken umrühren.

Hält sich im Kühlschrank 3 Tage und im Tiefkühlgerät bis zu 3 Monate.

➡ TIPP: Haferpulpe zum Backen von Flapjacks oder mit Früchten für ein Smoothie verwenden.

Milch und Salz in einem Topf langsam erhitzen, dabei gelegentlich umrühren. Mit dem Thermometer die Temperatur kontrollieren. Die Milch auf 93 °C erwärmen. Die Hitze ausstellen und die Zitronensäure unterrühren. Ohne Rühren 30 Minuten stehen lassen. Mit einem Schaumlöffel den abgesetzten Bruch herausheben und in ein Sieb oder eine Form geben. Im Sieb die Masse 2 Minuten abtropfen lassen, in einen Behälter gießen und den Vorgang wiederholen. Den Käsebruch 2 Stunden kühl stellen und servieren. Er hält sich 2 Tage. Die Molke für eine Käsesauce oder als Einweichflüssigkeit für Haferflocken beim Birchermüsli verwenden. Sie kann statt Wasser zum Brot gegeben werden.

Mehl

Brot

Sie sollten möglichst Bio-Mehl kaufen und Bauern unterstützen, die nur kleine Mengen unterschiedlichen Getreides anbauen. Versuchen Sie Dinkelmehl, falls Sie das noch nicht kennen, und nehmen Sie zur Abwechslung auch Roggen-, Hafer-, Kastanien- und Buchweizenmehl.

Je mehr wir über die Zutaten eines guten Brots wissen, desto bewusster können wir uns für gesunde und nachhaltige Sorten entscheiden.

....

....

Mehl selber machen

400 g Getreidekörner, Hülsenfrüchte oder Nüsse
Ergibt 400 g
Utensilien: Küchenmaschine & Sieb

Getreidekörner oder Hülsenfrüchte auf hoher Stufe in der Küchenmaschine zerkleinern, bis sich an den Seiten eine Art Wand geformt hat, die nicht zur Mitte zusammenfällt. Für eine grobe Struktur das Mehl durch ein mittleres Sieb geben, für ein Mehl für feine Backwaren ein feinmaschiges Sieb verwenden. Nüsse portionsweise vermahlen.

An einem trockenen Ort bis zu 6 Monate haltbar.

Brot selber machen

500 g Bio-Dinkelmehl, plus mehr zum Bestäuben /
2 EL Salz / 15 g frische Hefe oder 8 g Trockenhefe /
50 g Samen oder Haferflocken (nach Belieben)
Ergibt 1 Laib
Utensilien: 1 Kastenform (25 cm)

Mehl und Salz in einer großen Schüssel mischen. In einer zweiten Schüssel die Hefe in 330 ml Wasser auflösen. Hefewasser und Mehl mit den Händen gut verkneten. Samen oder Flocken untermischen und den Teig auf einer mit Mehl bestäubten Arbeitsfläche 10 Minuten gründlich kneten. Den Teig in die Schüssel legen, mit einem Küchentuch abdecken und 8–10 Stunden gehen lassen, bis sich sein Volumen verdoppelt hat.

Den Teig weitere 5 Minuten kneten, in die Kastenform legen und bis zum Rand der Kastenform aufgehen lassen. Den Backofen auf 220 °C vorheizen. Das Brot 30 Minuten backen. Auf einem Kuchengitter abkühlen lassen.

Nachhaltige Ernährung: Welchen Nutzen hat sie für die Gesundheit?

Mit Blick auf den gesundheitlichen Nutzen ist der nachhaltige Ansatz auf jeden Fall der haushohe Gewinner.

Eine Ernährung mit unbearbeiteten oder nur wenig verarbeiteten Lebensmitteln wie Vollkorngetreide, Hülsenfrüchten und Frischwaren hilft, den Cholesterinspiegel zu senken, das Risiko einiger Krebserkrankungen zu reduzieren, die Aktivität des Dickdarms zu stimulieren und die Aufnahme wichtiger Nährstoffe und Mineralien zu fördern. Außerdem haben diese nachhaltig angebauten Produkte und Getreidesorten mehr Geschmack, da sie frisch geerntet und nur kurze Strecken transportiert werden. So essen Sie mehr frisches Obst und Gemüse.

Der Verzehr von mehr Obst und Gemüse versorgt Ihren Körper mit Nährstoffen, Vitaminen und Ballaststoffen.

Da nachhaltig angebaute Produkte und nachhaltig gehaltene Tiere weniger Chemikalien wie Pestiziden und Antibiotika ausgesetzt sind, nimmt Ihr Körper folglich auch weniger davon auf. So verringert sich die Belastung durch antibiotikaresistente Bakterien oder durch Pestizide verursachte Krankheiten und Gesundheitsprobleme. Was besser für den Planeten ist, ist auch besser für unseren Körper.

Sind Superfoods gesund und nachhaltig?

In den vergangenen fünf Jahren sind Superfoods immer beliebter geworden und werden nun in großen Massen angebaut. Das bedeutet, dass der Boden, auf dem sie wachsen, ihnen wohl kaum jedes Jahr die gleichen reichen Nährstoffe liefern kann. Folglich ist ihr Nutzen nicht so hoch wie angenommen.

Die nebenstehende Übersicht zeigt beliebte importierte Superfoods und nennt Produkte mit gleichem Nutzen.

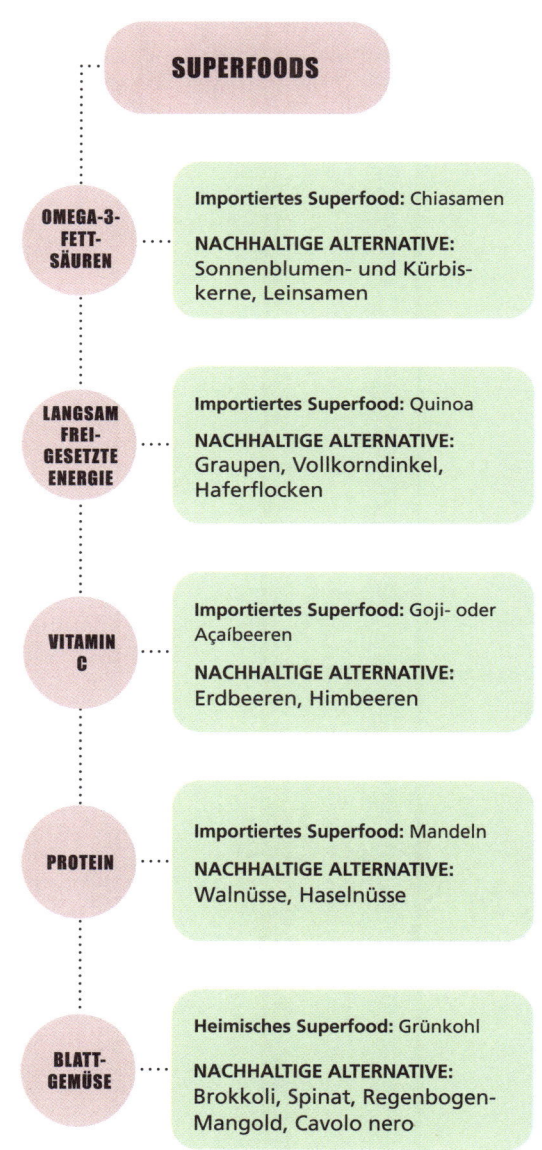

SUPERFOODS

OMEGA-3-FETTSÄUREN
Importiertes Superfood: Chiasamen
NACHHALTIGE ALTERNATIVE: Sonnenblumen- und Kürbiskerne, Leinsamen

LANGSAM FREIGESETZTE ENERGIE
Importiertes Superfood: Quinoa
NACHHALTIGE ALTERNATIVE: Graupen, Vollkorndinkel, Haferflocken

VITAMIN C
Importiertes Superfood: Goji- oder Açaíbeeren
NACHHALTIGE ALTERNATIVE: Erdbeeren, Himbeeren

PROTEIN
Importiertes Superfood: Mandeln
NACHHALTIGE ALTERNATIVE: Walnüsse, Haselnüsse

BLATTGEMÜSE
Heimisches Superfood: Grünkohl
NACHHALTIGE ALTERNATIVE: Brokkoli, Spinat, Regenbogen-Mangold, Cavolo nero

Selber anbauen

Frische Lebensmittel vom Wochenmarkt sind absolut empfehlenswert, um die Umweltbelastung zu minimieren, aber der eigene Anbau ist noch toller.

Warum eigener Anbau?

Wegen der negativen Folgen des Einkaufs im Supermarkt, wo Lebensmittel erhältlich sind, die meist mithilfe von fossilen Brennstoffen, krebserregenden Pestiziden, Dünger und Monokulturen angebaut oder produziert wurden. Durch den Anbau eigener Produkte unterstützen Sie eine nachhaltige Ernährungsweise.

1 Den eigenen CO_2-Fußabdruck verringern

Lebensmittel werden bis zu ihrem Verzehr schätzungsweise über eine Entfernung von knapp 2400 km transportiert. Diese Lebensmitteltransporte im großen Stil und über lange Strecken setzen auf die Verbrennung fossiler Brennstoffe.

2 Wechsel zu Bio-Produkten

Wenn Sie selber etwas anbauen, können Sie bestimmen, was besprüht wird und was nicht. Die Umweltschutzbehörde EPA hat inzwischen 60 % Herbizide, 90 % Fungizide und 30 % aller Insektizide als krebserregend eingestuft.

3 Bewegung im Garten

Der Anbau im eigenen Garten ist gut für Ihre Gesundheit. Pflanzen, Unkrautjäten, Gießen und Versorgen der Pflanzen sorgt für ausreichend Bewegung, die Ihnen guttut.

4 Mehr Geschmack & Qualität

Selbst angebaute Nahrungsmittel schmecken besser und enthalten mehr Nährstoffe. Der Gaumen schmeckt die Vielfalt und Ihre Ernährung wird gesünder, vor allem wenn Sie auf eigenes Obst und Gemüse setzen.

5 Lebensmittelausgaben reduzieren

Wenn Sie selber Produkte anbauen, sparen Sie Geld. Kaufen Sie nicht-hybride, sortenreine Pflanzen, damit Sie später die Samen von den kräftigsten Pflanzen aufbewahren, trocknen und in der nächsten Saison aussäen können.

Kleine Anbau-Experimente

Wussten Sie, dass Sie aus Abfällen echte Lebensmittel produzieren können? So haben Sie weniger Abfall, sparen Geld und bauen etwas Lebendes an. Wie cool ist das denn?

KOHL – Restblätter in eine Schüssel mit wenig Wasser legen – Schüssel an einen sonnigen Ort stellen – Wasser regelmäßig austauschen – Kohl in den Garten pflanzen, wenn Wurzeln und neue Blätter wachsen.

  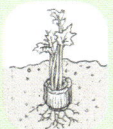

KNOLLENSELLERIE – Knolle mit Stängeln nach oben in eine Schüssel mit Wasser legen – an einen sonnigen Ort stellen – Wasser täglich wechseln – nach 5–7 Tagen Knolle in den Boden oder Topf pflanzen und bis zu den Blattspitzen mit Erde bedecken.

 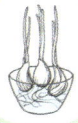 

KNOBLAUCHSPROSSEN – Keimende Zehen oder Knolle in einer Schale mit Wasser bedecken, bis die Unterseite bedeckt ist – Wasser jeden 2. Tag wechseln – Grün abschneiden, wenn es 7,5 cm hoch ist – wie Schnittlauch über Gerichte streuen.

FRÜHLINGSZWIEBELN & LAUCH – Grüne Abschnitte in ein Glas mit Wasser stellen – auf die Fensterbank setzen – Wasser täglich wechseln – nach einer Woche sind Lauch oder Frühlingszwiebeln nachgewachsen – zum Abendessen verwenden.

RÖMERSALAT – Unteren Abschnitt der Blätter in eine Schüssel mit 1 cm Wasser stellen – Wasser täglich wechseln – an einen sonnigen Ort stellen – ausgetriebenen Salat im Garten auspflanzen.

RICHTIG KOMPOSTIEREN

Wenn Sie etwas gegen Lebensmittelverschwendung unternehmen möchten, dann ist Kompostieren eine gute Idee, denn es ist gut für die Umwelt. Lebensmittel- und Gartenabfälle wandern nicht auf die Deponie, was wiederum hilft, die Menge am Treibhausgas Methan zu reduzieren. Zudem spielt Kompost beim Stickstoffkreislauf eine Rolle. Pflanzen benötigen zum Wachsen und Proteinaufbau einen stickstoffreichen Boden und Komposterde ist hierfür eine der natürlichsten Methoden.

Sie haben einen eigenen Garten

1 Einen leeren Behälter mit Deckel suchen – Löcher für den Luftaustausch in den Behälter stechen – den Deckel mit einem schweren Stein beschweren, damit Tiere nicht an den Inhalt kommen.

2 Braunen und grünen Gartenabfall verwenden (Braunes enthält Kohlenstoff, das die Organismen brauchen, die den Abfall zersetzen. Grünes liefert Stickstoff, der wichtig für die Struktur der neuen Erde ist).

3 Den Kompost wöchentlich mit wenig Wasser besprühen.

4 Den Kompost regelmäßig wenden, damit Luft hineinkann – er versorgt die Pflanzen 8–9 Monate lang mit Dünger.

Kompost aufbringen

Direkt in die Beete oder Hochbeete einarbeiten, um die Bodenqualität zu verbessern. Die Komposterde sollte krümelig und nicht zu feucht sein. Kompost ist ideal für alle Pflanzgefäße.

Kompostierbar

BRAUNABFALL:

Sägespäne

Rückschnitt von Bäumen

Kiefernnadeln

herabgefallene trockene Blätter

getrocknetes Gras

Stroh

geschredderte Papiere, Pappen, Zeitungen

alte Erde aus Pflanztöpfen

GRÜNABFALL:

Zitrusschale

Kaffeesatz

Kaffeefilter

Rückschnitt von Sträuchern & Gräsern

Obstabfall

Gemüseabfall

verwelkte Blumen

NICHT kompostieren

Gartenerde

Asche vom Ofen, Kamin oder Grill

Tierprodukte (Fleischknochen, Fisch, Fette)

Milchprodukte

Sägespäne von Sperrholz behandeltem Holz

kranke Pflanzen

samentragendes Unkraut

Mist oder menschliche Ausscheidungen

➡ KEIN GARTEN?

Die meisten Gemeinden stellen eine Braune Tonne für organische Abfälle zur Verfügung, die mit dem anderen Müll abgeholt werden.

Plastikmüll reduzieren

Plastik ist schädlich für die Umwelt und viel davon wird nicht recycelt. Hier einige einfache Vorschläge, wie Sie im Alltag Plastikmüll reduzieren können.

Sie können auf vielfältige Weise Ihren Plastikverbrauch einschränken. Probieren Sie es ganz ohne Plastik oder wählen Sie eine Alternative. Überlegen Sie, was Sie zu Hause und unterwegs alles tun können.

Zu Hause

Nutzen Sie plastikfreie Gefäße aus Edelstahl und Glas.
Verwenden Sie alte Plastikgefäße nochmals. Recyceln Sie leere Marmeladengläser.

Vermeiden Sie Plastikverpackungen & nicht wiederverwendbare Plastikbeutel.
Nehmen Sie Bienenwachs-Verpackungen und wiederverwendbare Plastikbeutel. Kaufen Sie wiederverwendbares Backpapier. Decken Sie Resteschüsseln mit Tellern ab.

Kaufen Sie Seifenstücke statt Flaschen.
Ersetzen Sie Shampoo oder Spülung in der Flasche durch feste Stücke. Ideal, um Plastik zu reduzieren.

WIE LANGE
DAUERT DER ABBAU?

Aluminiumdosen – 80 Jahre

Glasflaschen – 500 Jahre

Plastikflaschen – 700 Jahre

Styropor – nie

zu lange?

Unterwegs

Benutzen Sie wiederverwendbare Einkaufstaschen, aber auch Zero-Waste-Beutel für Obst und Gemüse. Am besten in der Nähe der Haustür oder im Autokofferraum aufbewahren.

Nehmen Sie den eigenen Mehrwegbecher mit oder kochen Sie Kaffee und füllen Sie diesen in eine Thermosflasche.

Sagen Sie Nein zu Strohhalmen.
Probieren Sie Halme aus Glas, Edelstahl oder Bambus. Nehmen Sie diese in Ihrer Tasche mit.

Kaufen Sie keine Plastikwasserflaschen – so können Sie Plastik im Haushalt reduzieren.
Kaufen Sie keine Getränke in Plastikflaschen. Mischen Sie sie selber und füllen Sie sie in Mehrweg-Edelstahlflaschen.

Kaufen Sie frisches Obst & Gemüse.
Tiefkühlware gibt es nur in Plastikbeuteln.

Kaufen Sie lose Ware in Unverpackt-Läden.
Nehmen Sie eigene Behälter mit, die in den Vorrat kommen. Auch Supermärkte bieten inzwischen lose und unverpackte Ware an (mehr Infos unter www.zero-waste-deutschland.de).

Unterstützen Sie umweltbewusste Unternehmen.
Es gibt zahlreiche umweltbewusste Lebensmittel- und Getränkemarken.

Nichts ist besser als Selbstgekochtes!

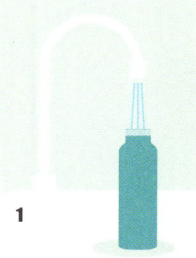

Hier kommen 10 Top-Hacks
zur Vermeidung von Plastikmüll:

1

Kaufen Sie MEHRWEG-WASSERFLASCHEN

Edelstahlflaschen sind haltbar, werden in vielen Formen & Größen angeboten und sind gut für Heißgetränke, Suppen und Smoothies.

2

Gut sind TASCHEN UND BEUTEL zum Wiederverwenden. Ideal für Obst und Gemüse.

3

Gut sind FESTE WASCHSTÜCKE

Seife zum Händewaschen in der Küche

4

Möglichst IN GROSSEN MENGEN

5 BESSER

NEIN

zu Strohhalm & Einweggeschirr sagen.

6

Ideal sind

EIGENE MEHRWEGBECHER

7

Recyceln & Verwerten

MACHEN SIE AUS PLASTIKFLASCHEN:

Pflanzgefäße & Saatkästen
Stiftehalter
Seifenspender

8

KAUFEN SIE

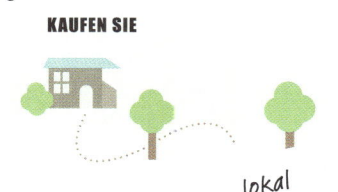

lokal

9

Tipp MEHRWEG-BACKPAPIER

10 Machen Sie es

SELBER

z. B. Müsliriegel

Tipps für mehr Nachhaltigkeit in der Küche

Zubereitung und Lagerung von Lebensmitteln sind genauso wichtig wie Einkaufen und Kochen. Wenn Sie ein Zuviel an Obst oder Gemüse lagern, Essen für die Woche vorkochen oder Lebensmittel kaufen, um Reste aufzupeppen, dann kommen nun einige praktische Tipps, um Zeit und Geld zu sparen.

Der
VORRATSSCHRANK

Mit einem gut gefüllten Vorratsschrank werden Sie zum großartigen Koch. Sie können Ihre Mahlzeiten fortan besser planen und somit effizienter und letztendlich nachhaltiger kochen. Hier eine Liste mit Grundnahrungsmitteln.

1. Kräuter & Gewürze

Getrocknete Lorbeerblätter, Kräutermischungen, Rosmarin, Thymian und Oregano lassen sich gut bevorraten. Züchten Sie frische Kräuter auf der Fensterbank, denn so reduzieren Sie Plastik und Einwegverpackungen.

Gewürze verwandeln ein normales Gericht in etwas Besonderes. Lagern Sie schwarzen Pfeffer, Kreuzkümmel, Fenchelsamen, Kardamom, Ingwer, Garam masala, Senfsamen, Gewürznelke, Paprikapulver und Kurkuma. Neben frischen Chilischoten sind Chilipulver, Cayennepfeffer oder Chiliflocken äußerst praktisch. Kaufen Sie diese als lose Ware oder in der Nachfüllpackung, um Müll zu vermeiden. Sie können eigene Kräutermischungen herstellen wie die Korma-Gewürzmischung von S. 136. Dazu 2 TL gemahlenen Ingwer, 2 TL Chilipulver, 3 EL gemahlenen Koriander, 1 Lorbeerblatt, 2 TL gemahlenen schwarzen Pfeffer und 1 Prise gemahlene Gewürznelke mischen und im Schraubglas aufbewahren.

2. Dosen

Kaufen Sie Bio-Tomaten aus der Dose, um sicherzugehen, dass die Zutaten ohne Chemikalien angebaut wurden. Bei Fisch aus der Dose achten Sie auf Fisch aus nachhaltigem Fang.

3. Kokosnuss

Beim Kauf von Kokos in jeder Form kaufen Sie Bio-Produkte, die nicht genetisch verändert und aus umweltbewusstem Anbau sind. Die hohe Nachfrage führt dazu, dass durch die Massenproduktion Regenwälder zerstört werden.

4. Getreidekörner

Nehmen Sie regional angebautes Getreide, etwa für Vollkornprodukte oder für Flocken. Quinoa wird in Peru und Bolivien als billiges Grundnahrungsmittel angebaut. Suchen Sie deshalb einen Bauern, der sie lokal anbaut, und experimentieren Sie mit getreideähnlichen Sorten wie Amarant, Buchweizen und Hirse. Gute regionale Getreidesorten sind Dinkel, Gerste und Hafer.

5. Hülsenfrüchte

Hülsenfrüchte können Sie in Großverpackungen kaufen, um Müll zu vermeiden. Getrocknete Hülsenfrüchte vor dem Kochen in einer großen Schüssel in reichlich Wasser mit 1 Prise Salz und 1 Spritzer Apfelessig 2 Stunden oder über Nacht einweichen lassen. Gründlich abspülen, dann in einem großen Topf mit der dreifachen Menge Wasser aufkochen. Köcheln lassen und zwischendurch den Schaum von der Oberfläche abschöpfen. 200 g getrocknete Linsen ergeben 500 g gekochte. Die Zubereitung größerer Mengen spart Zeit. Portionsweise einfrieren, dann können sie später schnell verwendet werden.

6. Aromengeber

Tomatenmark, Sardellen, Oliven, Gewürzgurken, Brühwürfel, Miso, um nur einige Produkte mit Umami-Geschmack zu nennen. Leere Gläser können Sie wiederverwenden. Für Pickles und Fermentiertes finden Sie in Kapitel 7 viele Ideen.

7. Flaschen/Gläser

Kaufen Sie Olivenöl, das von einem Bauern kommt. Essig, Tamari, Tahin, Sesamöl, Senf, Worcestersauce, Ketchup, Mayonnaise, Tabascosauce, Ahornsirup sind auch praktisch. Kaufen Sie Bio-Honig vom Imker vor Ort und säen Sie Blumen, um Bestäuber anzuziehen.

8. Backen

Ein Vorrat aus Mehl, Vollkorn- und Dinkelmehl, Trockenfrüchten, Nüssen und Samen, Haferflocken und Hefe. Kaufen Sie Schokolade ohne Palmöl, durch dessen Verwendung die Abholzung der Wälder und die Zerstörung des Ökosystems gefördert wird. Setzen Sie auf Bio und Fairtrade und bewahren Sie alles in Gläsern auf.

9. Eier, Zwiebeln & Co.

Eier können Sie lose beim Bauern oder auf dem Wochenmarkt kaufen. Oder gibt es Hühner in Ihrer Nähe? Lagern Sie Zwiebeln, Schalotten, Knoblauch und Kartoffeln an einem dunklen, kühlen Ort.

Der
KÜHLSCHRANK

Wie häufig werfen Sie einen prüfenden Blick in den Kühlschrank? Er hat eine wichtige Rolle, die Sie nicht unterschätzen sollten. Es macht sich bezahlt und spart Zeit, wenn Sie einmal pro Woche kontrollieren, was noch drin ist und was abgelaufen ist, und dann den Kühlschrank von innen feucht auswischen. Die richtige Einteilung zu finden, mag abschreckend sein, doch wenn Sie es regelmäßig machen, wird der Weg zur nachhaltigen Ernährung viel leichter.

Sie brauchen Unterstützung bei der Umorganisation Ihres Kühlschranks? Dann kommen hier einige Tipps. Denken Sie wie ein Profikoch und passen Sie diese Prinzipien Ihren Bedürfnissen an. Arbeiten Sie beim Einteilen von oben nach unten.

OBERE FÄCHER

Alles, was nicht gekocht werden muss, findet hier Platz wie etwa Joghurt oder Käse. Zubereitete Speisen oder Reste, Milch und alles im Schraubglas kann hier stehen, wenn das Fach an der Kühlschranktür zu voll ist.

Untere Fächer

Rohe Zutaten wie frisches Gemüse, das noch gegart werden muss, kommen hierhin. Falls es zu feucht wird, können Sie es einfach bei stärkerer Hitze garen.

Kühlschranktür

Das ist der wärmste Platz im Kühlschrank. Deshalb sollten hier nur Würzmittel stehen.

Schubfächer

Wenn Sie zwei Fächer haben, dann nutzen Sie eines für Fleisch/Fisch, und zwar möglichst das untere. Dieses bitte regelmäßig reinigen. Wenn die Schubfächer nebeneinanderliegen, dann kommen Gemüse und Salat in ein Fach und Fleisch und Fisch in das andere. Wenn Sie kein ganzes Fach für Fleisch und Fisch brauchen, dann nehmen Sie einen Behälter mit Deckel, den Sie gekühlt stellen können. Dieser kann in jedem Fach stehen. Denken Sie daran, ihn regelmäßig zu reinigen.

Mindesthaltbarkeitsdatum kontra Verfallsdatum

Diese Begriffe können schon mal verwirren.

➡ **Mindesthaltbarkeit** – bezieht sich auf die Qualität, nicht auf die Sicherheit. Das Produkt kann auch nach dem genannten Datum noch verzehrt werden, ist dann aber vielleicht nicht mehr so gut in der Qualität. Sie können es noch für Eintöpfe oder Suppen verwenden.

➡ **Haltbarkeitsdatum** – bezieht sich auf die Sicherheit des Produkts. Das ist die wichtigste Angabe, die Sie daran erinnert, dass Sie auf den Verzehr nach diesem Datum möglichst verzichten sollten. Wenn Sie Lebensmittel im Kühlschrank unter 5 °C lagern, dann können Sie sichergehen, dass das Haltbarkeitsdatum ganz genau ist.

obere Fächer
Joghurt, Käse, Milch

mittlere Fächer
zubereitete Speisen & Reste

untere Fächer & obere Schubfächer
Gemüse & Salat

untere Schubfächer
Fleisch & Fisch

Das
TIEFKÜHLGERÄT

Das Tiefkühlgerät ist ideal zur Lagerung von Lebensmitteln, egal, ob Sie große Mengen kaufen, Reste darin aufbewahren oder Gerichte vorkochen. Es ist neben Kühlschrank und Vorratsschrank ideal, um Vorräte zu verstauen, und zwar nicht nur Eiscreme. Wenn Sie sich Ihre Essens-, Kauf- und Vorratsgewohnheiten bewusst machen, dann avanciert Ihr Tiefkühlgerät zum Lieblingsgerät für nachhaltiges Essen und Leben.

Hier nun einige Top-Tipps, um frisches Obst und Gemüse einzufrieren, wenn Sie große Mengen haben oder Reste vor dem Wegwerfen retten wollen.

Frisches Gemüse einfrieren

Gründlich waschen, Blätter, Stängel und Steine entfernen. Die Stängel und Blätter können Sie, wie auf S. 52 beschrieben, für köstliche Reste-Frittata-Muffins verwenden.

Das Gemüse in Scheiben schneiden, zerkleinern, reiben oder würfeln. Festes Gemüse wie grüne Bohnen, Spargel, Brokkoli, Blumenkohl, Kartoffeln und Zuckerschoten blanchieren. Dazu 3 Minuten in kochendes Wasser geben, herausheben und sofort ebernfalls 3 Minuten in Eiswasser legen. Mit Küchenpapier trocken tupfen, in ein Schraubglas oder Gefriergefäß legen und etikettieren.

Kleine Lebensmittel wie Zwiebeln auf dem Backblech schockfrosten, bis sie fest sind. In einen Gefrierbehälter füllen und etikettieren.

➡ **Gemüse zum Einfrieren:** Karotten, Kartoffeln, Paprika, Erbsen, Mais, Zucchini, Kürbis und Zwiebeln.

➡ **Blattgemüse** wie Rucola oder Spinat ist nicht lange haltbar. Es lässt sich im Mixer zerkleinern und wird dann in der Eiswürfelschale eingefroren. So kann es bei Bedarf schnell im Smoothie mitpüriert werden.

Frisches Obst einfrieren

Gründlich waschen. Blätter, Stängel und Steine entfernen.

Größere Obstsorten wie Äpfel oder Pfirsiche vorher schälen und in Scheiben schneiden oder klein schneiden. Die meisten Obstsorten können ohne Kochen eingefroren werden.

➡ **Obst zum Einfrieren:** Erdbeeren, Bananen, Pfirsiche, Kirschen und Heidelbeeren.

➡ **Obst kann seine Festigkeit verlieren,** wenn es eingefroren wird. Am besten mitpürieren oder -garen, nachdem es aufgetaut ist.

➡ **Top-Tipp:** Das Obst vorher portionieren und in Beutel oder Schraubgläser füllen. So kann es später direkt für Smoothie, Crumble, Konfitüre oder Pie verwendet werden.

Frische Kräuter einfrieren

Kräuter blanchieren, und zwar 5–10 Sekunden in kochendem Wasser. In Eiswasser tauchen und trocken tupfen. Kräuter vor dem Einfrieren klein schneiden und mit Wasser oder Brühe in Eiswürfelschalen füllen.

➡ **Kräuter zum Einfrieren:** Koriandergrün, Dill, Minze, Petersilie, Basilikum und Schnittlauch.

➡ **Tiefgekühlte Kräuter** halten sich 4–6 Monate.

Reste – Tipps zum Einfrieren

BROT	HALTBAR: **6** MONATE	Geschnitten ist es im Kühlschrank länger haltbar. Vor dem Tiefkühlen das Brot in Scheiben schneiden und in Gefrierbeuteln einfrieren. Auch Bananenbrot lässt sich gut einfrieren – einfach in wiederverwendbares Pergamentpapier wickeln, damit es feucht bleibt.
KUCHEN-STÜCKE	HALTBAR: **3** MONATE	Möglichst feste, klebrige Kuchen wie Muffins, Karotten-, Bananen- und Schokoladenkuchen einfrieren. Kuchen mit Frosting ist weniger ideal, da das Frosting beim Einfrieren aufplatzt.
INGWER	HALTBAR: **3** MONATE	Klein gerieben im Tee oder im Joghurt.
KNOCHEN	HALTBAR: **6** MONATE	Hähnchenknochen können eingefroren werden, um daraus Brühe zu kochen. Wenn Sie genug zusammenhaben, dann bereiten Sie das Rezept für Brühe von S. 206 zu.
ROTWEIN	HALTBAR: **4 – 6** MONATE	Frieren Sie Reste in Silikon-Eiswürfelschalen ein. Ideal für Ragouts oder herzhafte Eintöpfe. Gefrorene Würfel in Gefrierbeutel füllen und etikettieren.
GEFRORENE NÜSSE (für Nussdrinks)	HALTBAR: **6** MONATE	Eingefrorene eingeweichte Nüsse können jederzeit für Nussdrinks verwendet werden. Sie sind in 10 Minuten aufgetaut.
GEFRORENE BANANEN	HALTBAR: **3** MONATE	Gefrorene reife Bananen eignen sich für Eiscreme und Smoothies.
TROCKENE SEMMEL-BRÖSEL	HALTBAR: **6** MONATE	Geröstet als Topping für Salate, Suppen und Pasta.
GEMÜSE-ABFALL	HALTBAR: **3** MONATE	Reste (Schnittreste, Schalen etc.), außer Kohlsorten, können für Brühen und Suppen verwendet werden. Einfach einfrieren und bei Bedarf verkochen.

Einfache Kochmethoden für eine nachhaltigere Ernährung

Durch unterschiedliche Kochmethoden bringen Sie mehr Nachhaltigkeit in Ihre Küche und sparen langfristig Zeit. Mahlzeiten vorkochen oder Rezepte verdoppeln, Eintopf- oder Ofengerichte zusammenstellen, Einmachen oder Fermentieren von Lebensmitteln, all das sind Möglichkeiten, um Zeit und Geld zu sparen, saisonaler zu essen und Müll zu reduzieren.

Lesen Sie diese Tipps und fangen Sie einfach an:

Top-Tipp

Vorkochen

Wählen Sie Gerichte aus, die Sie kennen und die Ihre Familie liebt (siehe Kapitel 5).

Eintöpfe, Suppen und Aufläufe sind klassische Gerichte zum Einfrieren.

Bei Platzmangel im Tiefkühlgerät tauschen Sie Essen mit einem Nachbarn. Sie kochen heute das Essen vor, bewahren das, was Sie essen, und geben den Rest an Freund, Kollegen oder Nachbarn weiter. Beim nächsten Mal kann dieser sich mit dem Vorkochen revanchieren.

Gesunde Gläser

Fermentiertes, eingelegtes und geschmortes Gemüse im Glas schmeckt nicht nur sehr aromatisch, sondern gibt Gerichten den letzten Kick. Gleichzeitig können Lebensmittel nachhaltig eingesetzt und aufbewahrt werden.

Sie sind viele Monate haltbar und zudem noch sehr gesund.

➡ *Siehe Rezepte in Kapitel 7.*

Einsatz der Küchenmaschine ....

Spart Zeit beim Raspeln von Gemüse und Kneten von Teig, vor allem wenn fünf Gerichte gleichzeitig vorgekocht werden.

Ein Blick aufs Gemüse ....

Gemüse für Suppen und Eintöpfe nicht zu lange garen, damit es knackig bleibt, wenn es später wieder erwärmt wird.

Abkühlen und dann einfrieren ....

Speisen auf Zimmertemperatur abkühlen, aber nicht länger als 2 Stunden stehen lassen, damit sich keine Bakterien bilden.

➡ *Auf Zimmertemperatur abgekühlte Speisen 30 Minuten in den Kühlschrank stellen und dann einfrieren.*

Reste ....

Einige Gerichte ergeben großartige Restemahlzeiten. Ein Eintopf kann am nächsten Tag in einer Pie verarbeitet werden. So können Sie Reste aus dem Kühlschrank gut verwerten.

➡ *Siehe Reste-Tipps in den Rezepten.*

Etikettieren ....

Unbedingt auf ein Etikett schreiben, was wann eingefroren wurde.

➡ *Möglichst innerhalb der nächsten 3 Monate essen, damit Nährstoffe und Geschmack nicht verloren gehen.*

Gefäße ....

Mit den richtigen Gefäßen lässt sich Gekochtes effizient und einfach aufbewahren.

➡ *Portionen für ein oder mehrere Personen zusammenstellen.*
➡ *Möglichst gefriertaugliche wiederverwendbare Gefäße nutzen.*

Tipps für eine saisonale Ernährung

Wenn wir Produkte kaufen, die Saison haben, können wir uns dem natürlichen Kreislauf der Natur anpassen. Wenn wir Wurzelgemüse und kräftiges grünes Gemüse im Herbst und Winter und Salate und Obst im Sommer essen, reduzieren wir die Energie für Anbau und Transport der Nahrungsmittel.

Diese Tabelle führt durch die Monate des Jahres.

Vorfrühling	Spätfrühling	Frühsommer	Spätsommer
Bärlauch	Bärlauch	Bärlauch	Aprikosen
Brunnenkresse	Blumenkohl	Chilischoten	Aubergine
Frühlingszwiebeln	Brunnenkresse	Dicke Bohnen	Brokkoli
Karotten	Chicorée	Erbsen	Brombeeren
Knollensellerie	Erbsen	Erbsensprossen	Chilischoten
Lauch	Erbsensprossen	Erdbeeren	Erdbeeren
Rhabarber (vorgezogen)	Frühlingszwiebeln	Fenchel	Fenchel
Rote Bete	grüner Salat	Grüne Bohnen	Grüne Bohnen
Spinat	Lauch	Karotten	Heidelbeeren
Steckrüben	neue Kartoffeln	Kohlrabi	Himbeeren
Violetter Brokkolini	Radieschen	Pak Choi	Karotten
	Rhabarber	Radieschen	Kirschen
	Salate – Feldsalat, Kopfsalat, Rucola	Salate – Feldsalat, Kopfsalat, Rucola	Nektarinen
	Spargel	Salatgurken	Paprika
	Spinat	Spargel	Pfirsiche
	Violetter Brokkolini	Spinat	Salatgurken
		Zucchini	Salate – Feldsalat, Kopfsalat, Rucola
			Stangenbohnen
			Tomaten
			Zucchini
			Zuckermais

Frühherbst	Spätherbst	Frühwinter	Spätwinter
Äpfel	Äpfel	Äpfel	Äpfel
Birnen	Birnen	Birnen	Birnen
Brokkoli	Brokkoli	Blumenkohl	Chicorée
Brombeeren	Brombeeren	Chicorée	Grünkohl
Himbeeren	Chicorée	Grünkohl	Karotten
Karotten	Grünkohl	Karotten	Kartoffeln
Knollensellerie	Karotten	Kartoffeln	Knollensellerie
Kürbis	Knollensellerie	Knollensellerie	Kohl
Lauch	Kürbis	Kohl	Kürbis
Mangold	Lauch	Kürbis	Lauch
Pastinaken	Mangold	Lauch	Pastinaken
Pflaumen	Pastinaken	Mangold	Rosenkohl
Pilze	Pflaumen	Pastinaken	Rote Bete
Rote Bete	Pilze	Rosenkohl	Staudensellerie
Steckrüben	Rote Bete	Rote Bete	Steckrüben
Tomaten	Staudensellerie	Staudensellerie	Violetter Brokkolini
Zuckermais	Steckrüben	Steckrüben	Zitrusfrüchte – Orangen, Clementinen, Mandarinen, Satsumas
		Zitrusfrüchte – Orangen, Clementinen, Mandarinen, Satsumas	

So gelingt die Speiseplanung

In großem Umfang ist die Verschwendung von Lebensmitteln in nahezu jedem Bereich der Lebensmittelkette anzutreffen, vom Bauernhof bis hin zum Supermarkt. Schockierend ist, dass nahezu 60 % aller Lebensmittel in Haushalten verschwendet werden.

Die Speiseplanung ist das bedeutsamste Mittel zur Kosteneinsparung und Reduzierung Ihres ökologischen »Fußabdrucks«.

Was ist ein Speiseplan?

Für einen Speiseplan reicht es schon, sich alles zu notieren, was in der Woche täglich gegessen werden soll. Dann kaufen Sie nur die Produkte, die Sie dafür benötigen.

Die perfekte Einkaufsliste erstellen

Das Schreiben einer Zutatenliste und einer Einkaufsliste ist äußerst hilfreich bei der Speiseplanung.

Zutatenliste
Notieren Sie alle Rezeptzutaten und streichen Sie dann die Zutaten durch, die Sie noch im Vorrat haben.

Einkaufsliste
Diese Liste nutzen Sie zum Einkaufen im Supermarkt. Notieren Sie alles nach Rubriken getrennt, wie beispielsweise Obst & Gemüse, Trockenware, Fleisch/Fisch und Milchprodukte, Tiefkühlkost. Dann übertragen Sie Ihre gekürzte Zutatenliste auf die Einkaufsliste. So geht das Einkaufen deutlich schneller!

➡ TIPP: Im Vorratsschrank sollten immer Grundnahrungsmittel vorhanden sein und auch das Tiefkühlgerät sollte nicht leer sein. Sie wissen nie, wann Sie diese Sachen brauchen könnten.

ERSTELLEN eines Wochenspeiseplans:

Zeit einplanen
Eine Stunde wöchentlich für die Speiseplanung

Rezepte notieren

- Rezepte aus Kochbüchern & online heraussuchen
- Gerichte suchen, bei denen Reste verwendet werden
- Bekannte und beliebte Gerichte kochen, plus ein neues Rezept pro Woche
- Rezepte mit gängigen Zutaten suchen (um Lebensmittelverschwendung vorzubeugen und Geld zu sparen; Sie sollten den Inhalt von Kühl-, Tiefkühl- & Vorratsschrank kennen)
- Gerichte kochen, die Sie wirklich mögen

Schreiben
einer Liste aus Zutatenliste & Einkaufsliste

Liste aufhängen
für alle lesbar

- Ersatzplan parat haben, falls berufliche oder private Termine sich ändern

Fällt es Ihnen schwer, sich an einen strengen Plan zu halten?

Konzentrieren Sie sich beim abendlichen Speisep an jeweils auf eine Produktgruppe wie Nudeln, Fisch oder Getreide. So können Sie Zutaten für mehrere Mahlzeiten verwenden oder Gerichte um Vorhandenes oder eigene Vorlieben ergänzen.

Montag	Dienstag	Mittwoch	Donnerstag	Freitag	Samstag	Sonntag
REIS	TEIG	BOHNEN	NUDELN	FISCH	OHNE PLAN	FLEISCH u./o. GETREIDE
Pfannen-gericht	Pizza	Suppen	Was ist im Gemüsefach?	Kombiniert mit Gemüse & Kartoffeln, gegart oder gestampft	Außer Haus essen	Sonntags-braten
Risotto	Pie	Eintöpfe	Möglichst Gemüse-reste & ein Kräuterpesto verwenden		Freunde zum Essen einladen	Eintopfgericht
Paella	Quiche	Schmorge-richte				Ofengericht
Chili	Fajitas				Neues Gericht ausprobieren	
Curry	Tacos					

Vorteile der Speiseplanung

Kein Abfall – Sie kaufen nur benötigte Lebensmittel

Weniger Supermarkteinkäufe

Weniger Ausgaben für Lebensmittel

Unterstützt eine gesunde Ernährungsweise

Weniger Stress – Sie wissen genau, was Sie kochen wollen

APP herunterladen

Wenn Sie Ihr Handy nutzen wollen, dann testen Sie ciese Alternativen:

real plans: umfangreiche individuell konfigurierbare Fezeptdatei
plan to eat: lädt alle Ihre Rezepte & teilt diese mit Ihrer Familie

Frühstück

Süßes, Herzhaftes, Alltagsfavoriten oder Wochenendgenuss, für jeden ist hier das passende Frühstück dabei. Dieses Kapitel möchte Ihnen neue Frühstücksideen an die Hand geben, immer mit Blick auf den Planeten, ob nun ein schnelles nahrhaftes Frühstück für eine Person wie Smoothie oder Overnight Oats oder eine Gemüse-Eier-Pfanne für viele hungrige Mäuler.

Probieren Sie die Alternativen zu jedem Gericht. Schreiben Sie auf, was gerade Saison hat, und experimentieren Sie nach Lust und Laune. Die Rezepte setzen auf Flexibilität, damit Sie die Zutaten nach eigenem Gusto und nach Jahreszeit anpassen können.

BIRCHERMÜSLI MIT TROCKENFRÜCHTEN & KERNEN

Frühling / Sommer

In diesem Rezept werden verschiedene Flocken verwendet, um Ihnen die ganze Bandbreite zu zeigen. Experimentieren Sie mit Gerste, Buchweizen und Roggen. So entstehen unterschiedliche Geschmacksnuancen und Texturen, alle mit gesundheitlichen Vorteilen – eine Vielfalt ist immer gut.

Für 4 Personen / Vorbereitungszeit 10 Minuten /
Einweichzeit über Nacht

Zutaten:

200 g Haferflocken

50 g Roggenflocken

50 g Gerstenflocken

2 Äpfel, entkernt und gerieben

300 ml Haferdrink (S. 18, oder Milch oder Pflanzendrink)

200 ml Apfelsaft

50 g getrocknete Aprikosen

450 g getrocknete Cranberrys

1 EL Ahornsirup

150 g gemischte Kerne und Samen (z. B. Kürbis-, Sonnenblumenkerne oder Leinsamen etc.)

1½ TL gemahlener Zimt

400 g Joghurt (griechischer oder Kokosjoghurt)

Nüsse, Samen, gemahlener Zimt und Ahornsirup zum Servieren (nach Belieben)

Zubereitung:

Alle Zutaten, außer dem Joghurt, in einer großen Schüssel mischen. Mit einem Teller oder einem Küchentuch abdecken und über Nacht im Kühlschrank einweichen.

Am nächsten Tag den Joghurt unterrühren. Das Müsli vor dem Servieren nach Belieben mit Nüssen, Samen und gemahlenem Zimt bestreuen und mit Ahornsirup beträufeln.

❤ Saisonal variieren

Pfirsiche und Nektarinen können die Äpfel ersetzen.

➡ Für unterwegs?

Das Birchermüsli mit Joghurt in ein Schraubglas schichten, mit dem Topping bestreuen, das Glas verschließen und als Frühstück für unterwegs einpacken.

FRÜHSTÜCKS-FRUCHTRIEGEL

Herbst / Winter

Diese köstlichen Haferflockenriegel sind ideal, um Reste aus der Obstschale zu verarbeiten. Sie können sie als Snack essen oder zerbröselt
über Joghurt als schnelles Dessert servieren. Überreife Äpfel, Birnen
und Bananen können für diese Leckerei mitgebacken werden.

Ergibt 16 Stück / Vorbereitungszeit 10 Minuten /
Backzeit 50 Minuten
Utensilien: Mixer & Backform (20 × 20 cm)

Zutaten:

150 g Butter, plus mehr für die Form	1 TL Backpulver
3 Äpfel	1 TL gemahlener Zimt
3 reife Bananen	1 TL gemahlener Ingwer
4 Bio-Eier	1 EL Ahornsirup
100 g Haferflocken	1 Prise Meersalz
70 g gemahlene Mandeln	1 Birne

☯ Saisonal variieren

Eventuell Nektarine oder Pfirsich
statt Apfel oder Birne reiben und
für das Topping einen Pfirsich in
Spalten schneiden.

☉ Aufbewahren

In einem großes Schraubglas halten
sich die Riegel bis zu 1 Woche.

❈ Einfrieren

In Stücke schneiden und in Gefrierbehälter packen. Ein Riegel braucht
40 Minuten zum Auftauen.

Zubereitung:

Den Backofen auf 200 °C vorheizen, die Backform einfetten und mit
wiederverwendbarem Backpapier belegen. Die Äpfel in eine große
Schüssel reiben und möglichst viel Saft auspressen (den Saft für die
Overnight Oats auf S. 44 verwenden). Die Bananen mit einer Gabel
zerdrücken und zu den Äpfeln geben.

Die restlichen Zutaten, außer der Birne, im Mixer zerkleinern und
mit Bananen und Äpfeln mischen. Die Masse in die vorbereitete
Form füllen. Die Birne entkernen, in feine Spalten schneiden und
auf dem Teig verteilen.

Die Fruchtmasse im vorgeheizten Backofen (Mitte) 50 Minuten
backen, bis an einem hineingesteckten Holzstäbchen kein Teig
mehr haften bleibt, dann in der Backform 5 Minuten auskühlen und
anschließend auf einem Kuchengitter vollständig auskühlen lassen.
Vor dem Servieren in 16 Stücke schneiden.

OVERNIGHT OATS MIT KÜRBIS

Herbst/Winter

Wenn Sie einen Kürbis rösten, haben Sie oft eine größere Menge, als Sie eigentlich brauchen. Sie können den Kürbis nicht nur mit Getreide als Salat servieren oder mit Nudeln und Risotto mischen, sondern ihn so wie hier für die nächste Porridge-Bowl verwenden.

Ergibt 2 Bowls / Vorbereitungszeit 5 Minuten / Einweichzeit über Nacht

Zutaten:

120 g Haferflocken

450 g Kürbis, geröstet, geschält (Schale für den Kompost)

240 ml Haferdrink (S. 18, oder anderer Pflanzendrink)

1 TL Vanillepaste

½ TL gemahlener Zimt

1 Prise Meersalz

2 EL Mandeln, grob gehackt und geröstet

2 EL gehackte Walnüsse, geröstet

4 EL Kokosjoghurt (oder griechischer Joghurt oder Joghurt)

2 TL Ahornsirup (nach Belieben)

Zubereitung:

Mit einer Gabel Haferflocken, Kürbis, Haferdrink, Vanille, Zimt und Salz in einer großen Schüssel zerdrücken und gut umrühren. Mit einem Teller abdecken und über Nacht in den Kühlschrank stellen.

Am nächsten Morgen die Haferflockenmischung umrühren. Sollte sie noch zu fest sein, einfach etwas Haferdrink hinzugießen. Oats auf zwei Bowls verteilen, mit den Nüssen bestreuen, den Joghurt hinzufügen und die Bowls nach Belieben mit Ahornsirup beträufeln.

❤ Saisonal variieren

Im Frühling oder Sommer Beeren oder geröstetes halbiertes Steinobst verwenden. Sie können auch Tiefkühl-Beeren verwenden, aber diese brauchen etwas mehr Süße, wenn sie aufgetaut sind.

➡ Einfach austauschen

Sie haben keinen Kürbis? Dann einen rohen Apfel oder eine rohe Birne ins Müsli reiben. Eine zerdrückte Banane ist ebenfalls gut und abgeriebene Orangenschale ist ein köstliches Topping.

GEBACKENE HAFERFLOCKEN MIT BEEREN

Ganzjährig

Dieses Gericht ist definitiv etwas fürs Wochenende. Bereiten Sie es rechtzeitig vor, denn es muss 35 Minuten in den Backofen. Es kann 1–3 Monate tiefgekühlt werden oder abgedeckt 3–4 Tage im Kühlschrank stehen. Mit griechischem Joghurt oder Kokosjoghurt servieren.

Für 4 Personen / Vorbereitungszeit 10 Minuten /
Backzeit 35 Minuten
Utensilien: Auflauf- oder Backform (Ø 18–20 cm oder 20 × 20 cm)

Zutaten:

Butter für die Form

150 g Haferflocken

60 g Mandelkerne, grob gehackt

1 Handvoll Paranüsse, grob gehackt

1 TL Backpulver

1 TL gemahlener Zimt

1 Prise Meersalz

240 ml Haferdrink (S. 18, oder anderer Pflanzendrink)

60 ml Ahornsirup

1 Bio-Ei

1½ TL gemahlene Vanille

200 g Beeren (oder 250 g tiefgekühlte Beeren)

2 Bananen, in Scheiben geschnitten

Joghurt, zum Servieren

🍯 Gläsertausch

Ersetzen Sie die Beeren durch Konfitüre, verwenden Sie dann aber nur die Hälfte des Ahornsirups. Probieren Sie die Beerenkonfitüre von S. 214. Da diese ohne Zucker auskommt, nehmen Sie die gleiche Menge Ahornsirup.

Zubereitung:

Den Backofen auf 190 °C vorheizen und die Auflaufform oder Backform mit Butter einfetten.

Haferflocken, Nüsse, Backpulver, Zimt und Salz in einer großen Schüssel mischen. Haferdrink, Ahornsirup, Ei und Vanille in einem Messbecher verquirlen. Die feuchten Zutaten auf die trockenen Zutaten gießen und vermischen. Dann die Beeren unterheben.

Den Boden der Form mit den Bananen auslegen und die Hafermischung darübergießen. Den Auflauf im vorgeheizten Backofen 35 Minuten backen, bis die Masse fest und goldgelb geworden ist, dann 10 Minuten abkühlen und mit Joghurt servieren.

WURZELGEMÜSE-RÖSTI

Herbst / Winter

Das Wurzelgemüse können Sie problemlos variieren. Verwenden Sie Reste aus dem Kühlschrank und kombinieren Sie es mit Ihren Lieblings-Gewürzmischungen. Auch ein Spiegelei passt gut. Oder reiben Sie Fermentierten Knoblauch (S. 228) in den Joghurt. Ein Klecks davon kommt auf die Rösti.

Für 4 Personen / Vorbereitungszeit 15 Minuten / Bratzeit 10 Minuten

Zutaten:

3 Pastinaken, geraspelt

100 g Butternusskürbis, geschält und geraspelt

2 Karotten, geraspelt

½ TL Meersalz

70 g Kichererbsenmehl

2 Bio-Eier

4 Frühlingszwiebeln, in feine Ringe geschnitten

1 Knoblauchzehe, fein gehackt

1 TL Backpulver

½ TL Chiliflocken

½ TL Kümmelsamen

2 EL Olivenöl (oder ein Öl nach Belieben)

Zubereitung:

Das geraspelte Gemüse mit dem Meersalz verrühren und 10 Minuten ziehen lassen.

Mehl und Eier mit den restlichen Zutaten, außer dem Öl, in einer großen Schüssel verquirlen. Überschüssige Flüssigkeit mit einem trockenen Küchentuch aus dem Gemüse drücken. Eventuell portionsweise arbeiten und das Gemüse dann zur Ei-Mehl-Masse geben.

In einer Pfanne das Öl stark erhitzen. Dann 1 EL der Mischung in die Pfanne geben und mit einem Spatel flach drücken. Jeweils 2–3 EL gleichzeitig in die Pfanne setzen. Die Rösti sollten 1 cm dick sein. Die Rösti etwa 1 Minute braten, dann bei mittlerer Hitze weitere 2 Minuten braten, wenden und nochmals 2–3 Minuten braten. Fertige Rösti aus der Pfanne heben und im schwach erhitzten Backofen warm halten, während die restlichen Rösti gebraten werden.

 *Saisonal variieren*

Im Sommer Zucchini raspeln und Spinat mit Kräutern klein hacken, dabei überschüssige Flüssigkeit herausdrücken. Brunnenkresse, Frühlingszwiebeln und geraspelte neue Kartoffeln sind perfekt fürs zeitige Frühjahr und schmecken gut mit einem Bärlauch-Joghurt-Dip. Für den Dip die Schale von 1 Bio-Zitrone in eine Schüssel reiben, 1 Handvoll fein gehackten Bärlauch hinzufügen und 150 g Joghurt unterrühren. Den Dip mit Salz würzen.

Aufbewahren

In einem luftdicht verschließbaren Behälter halten sich die Rösti bis zu 3 Tage im Kühlschrank.

Gläsertausch

Für köstliche pikante Rösti 150 g Kimchi mit Schwarzkohl (S. 240) mischen. Je nach Schärfe des Kimchi die Chiliflocken weglassen.

KRÄUTER-RÜHREI MIT RICOTTA

Ganzjährig

Angerichtet auf Ihrem Lieblingsbrot schmeckt dieses schnelle und einfache Frühstück zu jeder Tageszeit. Versuchen Sie es mit Tomaten-Chili-Konfitüre (S. 208) als Aromakracher in einem Fladenbrot (S. 106).

Für 2 Personen / Vorbereitungszeit 5 Minuten / Backzeit 15 Minuten

Zutaten:

2 EL Olivenöl

1 Zwiebel, fein gehackt

1 Knoblauchzehe, gerieben

4 Bio-Eier

2 Handvoll Koriandergrün, Petersilie, Schnittlauch, gehackt (alle frischen Kräuter sind geeignet), plus mehr zum Garnieren

80 g Ricotta

Salz und schwarzer Pfeffer

Brot, geröstet, zum Servieren

Zubereitung:

Das Olivenöl in einer Pfanne leicht erhitzen und die Zwiebel darin bei mittlerer Hitze 10 Minuten schmoren. Den Knoblauch hinzufügen und 2 Minuten mitschmoren.

Die Eier in einer großen Schüssel verquirlen, Kräuter und Ricotta hinzufügen und alles gründlich verquirlen. Die Mischung über Zwiebel und Knoblauch gießen und mit Salz und Pfeffer würzen. Die Hitze reduzieren und die Eimasse in 4–6 Minuten stocken lassen, dabei gelegentlich umrühren. Die Eier sollten gerade gegart, aber noch samtig-weich sein. Auf geröstetem Brot anrichten, mit zusätzlichen Kräutern garnieren und mit schwarzem Pfeffer abschmecken.

❤ Saisonal variieren

Noch einige kleine Ergänzungen: Mit gebratenen Chorizo-Würstchen oder Räucherforelle wird das Rührei zum leckeren Mittag- oder Abendessen. Servieren Sie dazu Brunnenkresse und Romesco-Sauce (S. 142) als schmackhafte Alternative.

RESTE-FRITTATA-MUFFINS

Ganzjährig

Plündern Sie Ihren Vorrats- und Kühlschrank und ehe Sie sichs versehen, haben Sie ein wahrhaft königliches Frühstück für unterwegs zusammengestellt. Wenn das Gemüse bereits gegart ist, dann sind diese Muffins in wenigen Minuten fertig.

Ergibt 12 Stück / Vorbereitungszeit 10 Minuten /
Backzeit 20 Minuten
Utensilien: Muffinblech mit 12 Mulden

Zutaten:

- 2 EL Olivenöl, plus mehr für die Form
- 10 Bio-Eier
- 1 Zwiebel, gehackt
- 1 Knoblauchzehe, fein geschnitten
- ½ Brokkoli, gegart, in mundgerechte Stücke zerteilt
- 2 Handvoll Blattspinat

- 1 Handvoll gehackte Petersilie und Schnittlauchröllchen (oder andere Kräuter)
- 1 Handvoll Gemüsereste (z. B. Mangoldblätter, Stielansatz von Karotte und Radieschen, Sellerieblätter und/oder Blätter von Roter Bete)

- 30 g grüne Oliven, entsteint und gehackt
- 2 EL geriebener Hartkäse (Cheddar und Parmesan, oder Feta und Ricotta)

Zubereitung:

Den Backofen auf 170 °C vorheizen und das Muffinblech mit Öl einpinseln.

Die Eier in einer großen Schüssel verquirlen. Das Olivenöl in einer Pfanne erhitzen und Zwiebel und Knoblauch darin glasig dünsten. Die verquirlten Eier mit den restlichen Zutaten sowie der Zwiebel-Knoblauch-Mischung verrühren. Die Mischung in einen Messbecher füllen und in die Mulden des vorbereiteten Muffinblechs gießen.

Muffins im Backofen 10–15 Minuten backen, bis die Masse gestockt ist und die Muffins Farbe angenommen haben, dann noch 5 Minuten in der Form abkühlen lassen. Muffins mit einem Palettenmesser vorsichtig aus den Mulden heben und warm oder kalt servieren.

✿ Saisonal variieren

Mit ½ gegarten Blumenkohl wird daraus eine schöne Blumenkohl-Käse-Variante für Spätfrühling oder Frühwinter.

⊖ Aufbewahren

In einem gut verschließbaren Behälter halten sich die Muffins bis zu 3 Tage im Kühlschrank.

◉ Gläsertausch

Das Gemüse durch Fermentierte Tomaten (S. 232) mit 2 EL Zucchini-Pickles mit Kurkuma & Senfsamen (S. 236) ersetzen. Diese in der Pfanne schmoren und in den Muffinteig geben. Die fertigen Muffins in Scheiben geschnitten mit einem Salat oder Kartoffeln als Mittagessen oder Abendessen servieren.

GEMÜSE-EIER-PFANNE

Frühling / Sommer

Dies ist ein gesundes Frühstück fürs Wochenende, das das Zeug zum Lieblingsklassiker hat. Brokkoli und Spinat passen hier gut, aber Sie können natürlich auch sehr gerne mit einem anderen grünen Gemüse der Saison experimentieren.

Für 2 Personen / Vorbereitungszeit 10 Minuten /
Garzeit 15–20 Minuten

Zutaten:

2 EL Olivenöl

1 TL Koriander-
samen

6 neue Kartoffeln,
gewaschen und
grob gewürfelt

4 Frühlingszwie-
beln, in Ringe
geschnitten

4 violette Brokko-
lini, längs halbiert

100 g Blattspinat

50 g Erbsen (TK)

Saft von ½ Zitrone

Salz und schwarzer
Pfeffer

4 große Bio-Eier

1 Bund Kräuter
(z. B. Petersilie,
Schnittlauch,
Minze), gehackt

**JOGHURT-SPINAT-
SAUCE**

1 Knoblauchzehe,
fein gerieben

80 g Joghurt
(oder Kefir)

300 g Blattspinat,
gegart

❤ **Saisonal variieren**

Keine Kartoffeln? Dann einfach Brot vom Vortag nehmen. Tiefkühl-Spinat ist ebenfalls okay. Diesen für die Sauce auftauen lassen und überschüssige Flüssigkeit mit einem sauberen Küchentuch ausdrücken. In den Wintermonaten Grünkohl probieren, doch diesen 2–3 Minuten länger garen.

✖2 **Verdoppeln**

Wenn dieses Gericht als Haupt-mahlzeit serviert wird, eine zweite Pfanne nehmen und Räucher-forelle, Taschenkrebs oder Ricotta hinzufügen.

Zubereitung:

In einer Pfanne bei mittlerer Hitze 1 EL Olivenöl erhitzen und die Koriandersamen 1 Minute darin rösten, dann zu Pulver vermahlen. Restliches Olivenöl in der Pfanne erhitzen und Kartoffeln, Früh-lingszwiebeln und Brokkolini darin anschmoren, bis die Kartoffeln Farbe annehmen. Den gemahlenen Koriander hinzufügen und alles 30 Sekunden stark anbraten. Spinat, Erbsen und Zitronensaft unter-mischen. Gemüsepfanne mit Salz und Pfeffer würzen und weitere 3 Minuten schmoren.

In der Pfanne vier kleine Mulden formen und die Eier darin auf-schlagen. Die Eigelbe salzen und pfeffern und 2–3 Minuten backen. Einen Deckel auflegen und die Oberseiten der Eier kurz dämpfen.

Für die Sauce Knoblauch und Joghurt erwärmen. Überschüssiges Wasser mit dem Küchentuch aus dem Spinat drücken und diesen unter den Joghurt rühren, sodass eine hellgrüne Sauce entsteht. Die Sauce vom Herd nehmen.

Die ausreichend gegarten Eier – die Eigelbe können noch flüssig sein – mit Kräutern bestreuen. Die Spinatsauce dazu servieren.

PIKANTES OMELETT

Sommer

Wenn Sie es morgens schon pikant mögen, probieren Sie dieses Rezept. Sie können die Zutaten variieren. Mit Eingelegten roten Zwiebeln (S. 244) wird daraus ein gutes Mittagessen. Oder Sie servieren es abends mit einem Salat. Die Tomatensamen kompostieren oder trocknen, um sie wieder auszusäen.

Für 2 Personen / Vorbereitungszeit 5 Minuten /
Backzeit 8–10 Minuten

ZUTATEN:

- 4 Bio-Eier (Größe L), verquirlt
- 4 Kirschtomaten, Samen herausgedrückt und Fruchtfleisch klein geschnitten
- ½ Zwiebel, fein gehackt
- 1 grüne Chilischote, entkernt und fein gewürfelt
- ½ Bund Koriandergrün, gehackt (oder Petersilie und Basilikum)
- ½ TL gemahlene Kurkuma
- ½ TL Garam masala (ind. Gewürzmischung)
- ½ TL gemahlener Kreuzkümmel
- 2 EL Olivenöl
- 2 TL Butter
- 50 g Blattspinat
- Saft von ½ Zitrone

 Saisonal variieren

Im Winter den Spinat durch Rote-Bete- oder Mangoldblätter ersetzen. Statt der Kirschtomaten 200 g gehackte Tomaten aus der Dose verwenden.

Gläsertausch

Noch köstlicher wird es mit den Fermentierten Kirschtomaten (S. 232) statt der Kirschtomaten. Tomatensamen in den Kompost geben.

Zubereitung:

Verquirlte Eier, Tomaten, Zwiebel, Chili, Koriandergrün und Gewürze in einer großen Schüssel verrühren.

In einer Pfanne 1 EL Olivenöl mit 1 TL Butter erhitzen und die Hälfte der Eimischung hineingießen. Die Eimischung 2 Minuten schwenken, dann zur Mitte schieben und die Pfanne neigen, damit die Mischung stocken kann.

Nach 1 Minute das Omelett auf einen Teller gleiten lassen. Die Hälfte der Spinatblätter und 1 Schuss Zitronensaft hinzufügen und das Omelett zur Mitte klappen. Den Vorgang mit den restlichen Zutaten wiederholen. Das Omelett noch warm servieren.

GRÜNER SMOOTHIE

Herbst / Winter

Das ist der ultimative Smoothie für jeden Tag! Verwenden Sie an Gemüse und Obst, was Sie noch im Vorrat haben. Haferflocken, Nüsse und Samen sorgen für die nötigen Proteine und machen rundum satt.

Für 1 Person / Vorbereitungszeit 5 Minuten

Utensilien: Mixer

ZUTATEN:

- 1 Handvoll Grünkohl (oder Kohlblätter, Sellerieblätter oder den Stielansatz vom Wurzelgemüse)
- 1 Handvoll Mangoldblätter
- 250 ml Milch (oder Pflanzendrink)
- 1 Banane, geschält (frisch oder tiefgefroren)

- 1 Apfel, geschält und entkernt
- 1 Handvoll Haferflocken
- 1 EL Cashewkerne
- 1 EL Kürbis- oder Sonnenblumenkerne und/oder Leinsamen

Zubereitung:

Alle Zutaten im Mixer zu einem glatten Smoothie pürieren. Um etwas Zeit zu sparen, alle vorbereiteten Zutaten in eine Schüssel geben und über Nacht kühl stellen.

✿ *Saisonal variieren*

Im Sommer Salat- und Kräuterblätter sowie Radiesschengrün und Blattspinat oder auch Weintrauben und Salatgurke verwenden. So schmeckt der Smoothie sofort ganz anders. Experimentieren Sie.

❋ *Einfrieren*

Wenn Sie Smoothies für die ganze Woche im Voraus zubereiten möchten, dann frieren Sie diese in Gläsern ein – sie sind innerhalb 1 Stunde aufgetaut.

FRÜHSTÜCKSSAFT NACH JAHRESZEITEN

Ganzjährig

Es tut Ihnen gut, einen Regenbogen an Obst und Gemüse zu essen. Warum fangen Sie nicht gleich am Morgen damit an? Dieses Rezept versorgt Sie mit einem Saft der jeweiligen Jahreszeit und bringt Sie so gesund durch alle Monate des Jahres.

Für 1 Person / Vorbereitungszeit 10 Minuten

Utensilien: Entsafter oder Mixer

ZUTATEN:

FRÜHLING	SOMMER	HERBST	WINTER
1 Karotte, geschält	1 Römersalatherz	1 Apfel, geschält und entkernt	2 Orangen, geschält
2 kleine Rote Beten, geschält	½ Salatgurke	1 Stange Staudensellerie	1 Stange Staudensellerie
1 Handvoll Brunnenkresse	1 Handvoll Erdbeeren	1 Birne, geschält und entkernt	2 Karotten
1 Handvoll Blattspinat	1 Handvoll Heidelbeeren	1 Handvoll Grünkohl	1 Handvoll Grünkohl
1 Handvoll Trauben (TK)	1 Karotte, geschält	1 Handvoll Mangoldblätter	
	1 Handvoll Blattspinat		

Zubereitung:

Alle Zutaten in den Entsafter geben oder im Mixer zerkleinern und durch ein Sieb passieren.

....

✷ Einfrieren

Säfte sind nicht lange haltbar. Sie können aber in Eisformen oder Eiswürfelschalen eingefroren werden.

GRÜNE BUCHWEIZEN-CRÊPES

Sommer

Diese großen Frühstücks-Crêpes schmecken mittags und abends ebenso gut. Sie können den Teig bereits am Vortag vorbereiten und die Zutaten je nach Jahreszeit variieren.

Ergibt 4 Stück / Vorbereitungszeit 10 Minuten / Backzeit 10 Minuten
Utensilien: Mixer

Zutaten:

- 100 g Buchweizenmehl
- 4 Bio-Eier, plus 1 Ei, verquirlt, für den Teig
- 4 Handvoll Rucola (oder gemischte Kräuter oder Salatblätter oder aber alle drei)

- 60 g Butter, zerlassen, plus 1 EL Butter
- Salz und schwarzer Pfeffer
- 1 EL Olivenöl
- 2 Handvoll geriebener Cheddar (oder anderer Hartkäse)

- 2 Handvoll geriebener Parmesan
- 2 reife Tomaten, entkernt und fein gehackt
- 2 Frühlingszwiebeln, in Ringe geschnitten

Zubereitung:

Das Mehl in eine große Schüssel mit dem verquirlten Ei sieben. 300 ml Wasser dazugeben und zu einem dicken, glatten Teig verrühren. Rucola und Teig im Mixer pürieren und dann etwa 10 Minuten ruhen lassen, oder mit einem Teller abdecken und über Nacht in den Kühlschrank stellen.

Den Backofen auf 100 °C vorheizen und ein Backblech mit wiederverwendbarem Backpapier auslegen. Die zerlassene Butter in den Teig rühren und diesen mit Salz und Pfeffer würzen.

Das Olivenöl und 1 EL Butter in einer großen Pfanne erhitzen. Dann 1½ EL Teig hineingeben und für einen dünnen Crêpe den Teig in der Pfanne hin- und herschwenken. Die Hitze reduzieren und den Crêpe 1 Minute backen. Mit einem Viertel des Käses und der Tomaten bestreuen und ein Ei darüber aufschlagen. Crêpe weitere 2–3 Minuten backen, dann die Ränder nach innen klappen, sodass ein Quadrat entsteht. Das Päckchen auf das vorbereitete Backblech legen. Die Crêpe im Backofen warm halten, während die restlichen drei Crêpes gebacken werden. Falls die Eier am Ende noch nicht ihre gewünschte Konsistenz haben, die Crêpes noch ein paar Minuten im Backofen lassen, bis sie perfekt für Ihren Geschmack sind.

🫙 *Gläsertausch*

Für eine süße Variante lassen Sie Gemüse, Käse und Ei weg und probieren Sie die Crêpes mit einer Füllung aus Eingelegten Nektarinen (S. 246) mit Ricotta und gehackten Walnüssen oder Pistazien als leichte Alternative am Mittag.

🫙 *Aufbewahren*

Der Crêpeteig hält sich bis zu 3 Tage im Kühlschrank.

KOKOS-CHIA-BOWL

Ganzjährig

Dieses Frühstück bereiten Sie schon am Vorabend zu und servieren es am nächsten Morgen mit klein geschnittenem Obst der Saison, Samen, Kokosflocken und Trockenfrüchten. Es schmeckt auch gut als Dessert.

Für 4 Personen / Vorbereitungszeit 5 Minuten /
Einweichzeit 30 Minuten oder Einweichen über Nacht

Zutaten:

6 EL Chiasamen

1 Prise Meersalz

750 ml Kokosmilch

Ahornsirup
   (nach Belieben)

Zubereitung:

Chiasamen, Salz und Kokosmilch in einer Bowl gut verrühren und 20–30 Minuten einweichen lassen oder mit einem Teller abdecken und über Nacht in den Kühlschrank stellen. Vor dem Servieren umrühren. Wenn Sie es etwas süßer mögen, dann ein wenig Ahornsirup hineinträufeln und die Bowl servieren.

⬤ *Gläsertausch*

Eventuell Beerenkonfitüre ohne Kochen (S. 214) oder Kokos-Zitrus-Creme (S. 216) einrühren und über Nacht in den Kühlschrank stellen.

GETREIDE-PORRIDGE

Winter

Durch den Tee erhält das Porridge einen intensiven Geschmack. Probieren Sie es mit Rooibos-, Earl-Grey- oder auch Ingwer- oder Zitronentee. Toppen Sie Ihr Porridge mit Früchten der Saison, Rhabarber im Frühjahr, Steinobst im Sommer, Äpfel im Herbst, und genießen Sie das Porridge kalt.

Für 4 Personen / Vorbereitungszeit 5 Minuten / Einweichzeit über Nacht / Garzeit 40–60 Minuten

Zutaten:

100 g Quinoa

100 g Buchweizen-
  grütze

100 g kernige
  Haferflocken

1 Teebeutel

100 ml Milch (oder
  Pflanzendrink)

180 g Honig

1 reife Banane

Joghurt (oder griechi-
  scher Joghurt), zum
  Servieren

Zubereitung:

Ganze Getreidekörner sind besser verdaulich, wenn sie über Nacht eingeweicht werden. Dazu in einer großen Schüssel Quinoa, Buchweizen und Haferflocken bis zu 2 cm mit Wasser bedecken. Die Schüssel mit einem Küchentuch abdecken und über Nacht stehen lassen. Am nächsten Morgen die Körner in einem Sieb abspülen.

Eine große Tasse Tee zubereiten und 8 Minuten ziehen lassen. Den Beutel entfernen und den Tee in einen Topf gießen. Das abgetropfte Getreide hinzufügen und mit so viel Wasser auffüllen, dass es gerade bedeckt ist. Porridge aufkochen, die Hitze reduzieren und 10–15 Minuten köcheln lassen. Wenn Tee und Wasser aufgenommen sind, die Milch einrühren.

Honig und 200 ml Wasser in einem zweiten Topf verrühren, aufkochen, die Hitze reduzieren und 10 Minuten köcheln lassen, bis der Honig etwas weich geworden ist. Honigmischung zum Porridge geben und unterrühren.

Die Banane zerdrücken und einen Löffel davon in jede Bowl geben. Einen Löffel Porridge darauf anrichten und vor dem Servieren mit einem Klecks Joghurt garnieren.

 Saisonal variieren

Im Sommer entsteintes Obst verwenden. Für einen frischen Zitrusduft ist Verbenentee ideal. Zur Abwechslung 500 g Rhabarber, in 3 cm dicke Stücke geschnitten und gegart, sowie 2 EL gehackte Walnüsse und abgeriebene Orangenschale als Garnitur verwenden.

Reste

Gibt einem Pfannkuchenteig mehr Textur und ist klasse für Flapjacks. Ebenso perfekt für das Porridge-Brot (S. 68).

Aufbewahren

Die Körner halten sich bis zu 5 Tage im Kühlschrank.

PORRIDGE-BROT

Ganzjährig

Dieses Brot braucht nicht viel Aufmerksamkeit und ist daher ideal, wenn Sie auf der Suche nach einem Brotrezept für jeden Tag sind. Die Haferflocken auf der Oberseite geben der Kruste extra Biss.

Ergibt 1 Laib / Vorbereitungszeit 10 Minuten /
Ruhezeit 1 Stunde 40 Minuten / Backzeit 40 Minuten
Utensilien: 1 Kastenform mit 900 g Fassungsvermögen

Zutaten:

200 g Weizenmehl (Type 550)

150 g Dinkelmehl

1 TL Salz

1 TL Trockenhefe

200 g kaltes Porridge (möglichst mit Haferflocken, aber auch Quinoa, Hirse, Amarant, Buchweizen etc. sind möglich)

1 EL Olivenöl

1 EL kernige Haferflocken

Zubereitung:

Die Form mit Backpapier auslegen. Mehle, Salz, Hefe und Porridge in eine Rührschüssel geben und 250 ml kaltes Wasser hinzufügen. Zutaten mit einem Metalllöffel zum feuchten Teig verrühren, mit einem feuchten Küchentuch abdecken und an einem warmen Ort 1 Stunde gehen lassen, bis der Teig sein Volumen verdoppelt hat.

Die Arbeitsfläche mit Öl einreiben, den Teig kräftig darauf kneten und immer wieder wenden. Den Teig zum Laib formen und in die Form legen. Den Teigling mit einem feuchten Küchentuch abdecken und an einem warmen Ort 40 Minuten gehen lassen, bis der Teig sein Volumen verdoppelt hat.

Den Backofen auf 220 °C vorheizen. Wenn der Teig über den Rand der Form steigt, an der Teigoberfläche mit einem Messer einen Längsschnitt machen und das Brot mit Haferflocken bestreuen. Brot im Backofen 10 Minuten backen, die Hitze auf 180 °C reduzieren, das Brot weitere 25–30 Minuten backen und auf dem Kuchengitter 30 Minuten abkühlen lassen. Erst dann in Scheiben schneiden.

❄ Einfrieren

Das Brot in Scheiben schneiden und einfrieren. So kann bei Bedarf eine Scheibe herausgenommen und geröstet werden.

⊗ Verdoppeln

Direkt zwei Brote backen; eines wird direkt gegessen, das zweite wird in Scheiben geschnitten und für den Rest der Woche eingefroren.

Mehr Gemüse essen

Es erfordert schon etwas Routine, wenn Sie mehr Gemüse in Ihre Ernährung einbauen wollen. Den Anfang macht ein »fleischloser Montag«. So entdecken Sie neue spannende Rezepte, die sich schnell zu den Lieblingsspeisen Ihrer Familie entwickeln können.

Für alle Rezepte gilt: Schauen Sie sich die Variationen und Tipps auf jeder Seite an, denn so werden Sie flexibler und können saisonale Zutaten und lokale Produkte einsetzen. Kochen Sie bewusst, überdenken Sie, was Sie wegwerfen, und erfreuen Sie sich an leckeren Gemüsegerichten.

NUDELN MIT PILZ-CASHEW-SAUCE

Winter

Pilze am besten nur mit einem feuchten Tuch säubern. Kichererbsen-nudeln sind hier eine gute Wahl, doch experimentieren Sie gerne nach Herzenslust mit anderen Nudeln aus Hülsenfrüchten oder Bohnen.

Für 4 Personen / Vorbereitungszeit 5–10 Minuten + 1 Stunde Einweichzeit / Garzeit 10–15 Minuten

Utensilien: Mixer

Zutaten:

420 ml Gemüse-brühe (S. 206)

80 g Grünkohl, grob gehackt

1 EL Olivenöl

1 Zwiebel, gehackt

1 TL Kümmelsamen, zerdrückt

3 Knoblauchzehen, gehackt

450 g braune Champignons, gewürfelt

2 EL Tomatenmark

1 EL Mehl

2 EL Dijonsenf

¾ TL Meersalz

400 g kurze Nudeln (z. B. Kichererb-sen- oder Linsen-nudeln für extra viel Eiweiß)

schwarzer Pfeffer

2 EL gehackter Dill (oder gehackte Petersilie)

1 EL gehackte Man-deln, geröstet

CASHEW-CREME

200 g Cashewkerne

1 Prise Meersalz

 **Reste**

Die Cashew-Creme mit 1–2 Medjool-Datteln süßen und als Aufstrich für Toast verwenden. Oder für einen kleinen Snack einige Apfelspalten eindippen. Ebenfalls köstlich als Frühstücks-Bowl am Morgen.

Gläsertausch

Die Nudeln mit dem Sommerlichen Tomatenpesto (S. 220) mischen und die Cashew-Creme hinzufügen.

Aufbewahren

Die Reste der Cashew-Creme in einen verschließbaren Behälter fül-len. Diese hält sich im Kühlschrank bis zu 1 Woche.

Zubereitung:

Für die Cashew-Creme die Cashewkerne in einer Schüssel mit Wasser bedecken und 1 Stunde einweichen. Dann die Nüsse abgießen und im Mixer zusammen mit Salz und 400 ml Wasser zu einer glatten Paste verarbeiten, beiseitestellen.

In einem Topf die Brühe erhitzen. Grünkohl 5 Minuten darin blan-chieren. Mit einem Schaumlöffel herausnehmen. Die Brühe auf-bewahren. Das Olivenöl in einer Pfanne erhitzen und Zwiebel und Kümmelsamen darin bei schwacher Hitze weich dünsten. Knoblauch und Pilze bei mittlerer Hitze kurz mitdünsten. Tomatenmark und Mehl unterrühren. Senf, Salz, Kohl und eine Kelle heiße Brühe hin-zufügen und 3 EL Cashew-Creme einrühren. Die Hitze reduzieren.

Inzwischen die Nudeln in der Brühe laut Packungsangabe garen. Ist die Sauce zu dick, noch etwas Wasser einrühren. Die gegarten Nudeln abgießen, zur Nudelsauce geben und untermischen, bis die Nudeln von der Sauce überzogen sind. Pasta mit Pfeffer würzen, mit Dill und gehackten Mandeln bestreuen und servieren.

GEBRATENER KRÄUTER-HALLOUMI MIT KÜRBIS, APFEL & FARRO

Herbst / Winter

Dieses schmackhafte Herbstgericht wird mit Farro oder Dinkel zuberei-tet, doch auch ein anderes Vollkorngetreide passt hier gut, genau wie grüne Linsen oder Puy-Linsen.

Für 4 Personen / Vorbereitungszeit 20 Minuten / Garzeit 40 Minuten
Utensilien: Mixer

Zutaten:

- 1 Butternusskürbis, längs halbiert, entkernt und in 1 cm große Würfel geschnitten
- 2 rote Zwiebeln, in feine Spalten geschnitten
- 5 EL Olivenöl
- Salz und schwarzer Pfeffer
- 3 Zweige Thymian, plus 3 Zweige, Blätter abgezupft

- 1 Bund Petersilie, mit Stängeln
- 1 Knoblauchzehe
- 500 g Halloumi, in grobe Stücke geschnitten
- 1 kleiner Apfel, entkernt und gewürfelt
- 1 Handvoll Grün-kohl, zerkleinert
- 6 Salbeiblätter

- 2 EL Kürbiskerne
- 200 g gegarter Farro (Emmer oder Dinkel)

DRESSING

- 2 EL Olivenöl
- 1 EL Apfelessig
- ½ Knoblauchzehe, fein gerieben
- ¼ TL Dijonsenf
- ¼ TL Ahornsirup

Zubereitung:

Den Backofen auf 240 °C vorheizen und ein Backblech mit Back-papier auslegen. Kürbis und Zwiebeln auf dem Backblech verteilen, mit 2 EL Olivenöl beträufeln und großzügig mit Salz und Pfeffer würzen. Alles gut mischen, die Gemüsestücke mit Abstand zueinan-der verteilen und 25–30 Minuten rösten, bis der Kürbis goldgelb ist. Gemüse in eine große Schüssel geben und beiseitestellen.

Thymianblätter, Petersilie, restliches Olivenöl und Knoblauch im Mixer glatt pürieren. Falls nötig, noch etwas Olivenöl hinzuträufeln. Das Pesto in einer Schüssel mit dem Halloumi mischen.

Den Apfel auf einer Hälfte des Backblechs mit Kohl und Salbei mischen. Auf der anderen Hälfte den Halloumi verteilen. Die Zuta-ten fürs Dressing verrühren und über den Apfelmix träufeln. Den Apfel mit Kürbiskernen bestreuen und alles im Backofen 5 Minuten rösten. Farro unter den Kürbis mischen. Apfelmix, Kürbis-Farro und Halloumi in Bowls anrichten.

☯ Saisonal variieren

Sommerlich wird es mit vier kleinen Paprika und halbierten Tomaten, die geröstet werden. Spinat und Rucola unter den Farro mischen.

×2 Verdoppeln

Die doppelte Menge Kürbis rösten und eine Hälfte für einen Eintopf oder eine Suppe verwenden. Oder für den Makkaroni-Käse-Auflauf mit Kürbis (S. 130) nutzen.

▣ Gläsertausch

Vor dem Rösten den Halloumi in den Fermentierten frischen Kräu-tern (S. 230) marinieren und mit etwas Olivenöl beträufeln.

Ⓥ Vegan genießen

Einfach den Halloumi weglassen und stattdessen die Apfel- und Kohlmenge verdoppeln.

KNUSPRIGE ASIA-AUBERGINE MIT INGWER-BROKKOLI

Sommer

Am Ende des Sommers kommt die Zeit der Auberginen. Es gibt lange und schmale und dicke und kompakte, violette und weiße Sorten. In diesem Rezept bekommen die Auberginen eine Kruste aus altem Brot und werden geröstet.

Für 4–5 Personen / Vorbereitungszeit 5 Minuten /
Röstzeit 25 Minuten
Utensilien: Mixer

Zutaten:

abgeriebene Schale und Saft von 2 Bio-Orangen

2 EL geröstetes Sesamöl, plus etwas mehr zum Anrichten

2 Scheiben Brot vom Vortag

2 große Auberginen, in 2,5 cm große Würfel geschnitten

(Stiele für Brühe oder Kompost verwenden)

Olivenöl, zum Beträufeln

1 großer Brokkoli, in lange und kurze Röschen geteilt

1 Stück Ingwer (2 cm), geschält und in feine Scheiben geschnitten

1 Knoblauchzehe, klein geschnitten

200 g gegarter Vollkornreis

1 EL Sesam

2 EL Tamari (Sojasauce)

1 Bund Koriandergrün, grob gehackt

 **Saisonal variieren**

Karotten in schräge Scheiben schneiden und diese mit den Semmelbröseln rösten. Oder violette Brokkolini (im Spätwinter erhältlich) verwenden. Rosenkohl halbieren, braun anschmoren oder klein geschnittenen Kohl in der Pfanne kräftig anbraten.

Reste

Zu viele Semmelbrösel? Im Schraubglas oder im Tiefkühlgerät für später aufbewahren.

Zubereitung:

Den Backofen auf 200 °C vorheizen. Orangensaft, die Hälfte der Schale und 1 EL Sesamöl verrühren. Das alte Brot im Mixer zu feinen Bröseln verarbeiten und in eine Schüssel geben.

Die Auberginenwürfel mit einem Küchentuch trocken tupfen, in die Orangenmischung geben und in den Semmelbröseln wenden. Die Würfel auf einem Backblech verteilen, mit Olivenöl beträufeln und im Backofen 15–20 Minuten rösten.

Den Brokkoli in kochendem Wasser 3 Minuten blanchieren. Abtropfen lassen. Das restliche Sesamöl (1 EL) in einer Pfanne erhitzen und den Brokkoli 3 Minuten anbraten, bis die Außenseiten leicht braun sind. Ingwer und Knoblauch weitere 2 Minuten mitrösten. Auberginenwürfel und Brokkoli in Bowls auf dem Vollkornreis anrichten und mit Sesamöl, Sesam, Tamari und Koriandergrün garnieren.

VEGGIE-BURGER MIT GEMÜSE-POMMES

Herbst

Dieser Burger steckt voller Nährstoffe. Servieren Sie ihn mit Chimichurri (S. 144), Zucchini-Pickles (S. 236) oder Eingelegten roten Zwiebeln (S. 244). Für mehr Würze rühren Sie Rosen-Harissa (S. 212) unter den Joghurt. Im Burger-Brötchen oder in einem Fladenbrot (S. 106) servieren.

Ergibt 6 Patties / Vorbereitungszeit 10 Minuten /
Bratzeit 25 Minuten
Utensilien: Mixer

Zutaten:

130 g braune Champignons

2 Handvoll Spinatblätter

je ½ Bund Koriandergrün und Dill

1 Knoblauchzehe, geschält

200 g Kichererbsen (aus der Dose), abgespült und abgetropft

400 g Cannellini-Bohnen (aus der Dose), abgetropft

70 g Erbsen (TK)

100 g Mehl

1 Bio-Ei, verquirlt

Salz und schwarzer Pfeffer

3 Pastinaken, geschält und in kurze dicke Stifte geschnitten

3 Kartoffeln, geschält und in dünne Spalten geschnitten

2 EL Olivenöl

❦ Saisonal variieren

Lust auf Burger, aber keine Pilze im Vorrat? Dann 200 g Bohnen und Kichererbsen mehr und je 1 Bund von beiden Kräutern zusätzlich verwenden. Wenn Koriander und Dill schlecht zu bekommen sind, dann einfach durch Petersilie und Schnittlauch ersetzen. Zu den Burgern passen Kräuterjoghurt und ein frischer grüner Paprikasalat.

Ⓥ Vegan genießen

Das Ei durch 1 TL gemahlene Leinsamen ersetzen. Diese in 3 EL Wasser 5 Minuten quellen lassen und mit 2 EL Olivenöl zur Burger-Masse geben.

Zubereitung:

Den Backofen auf 200 °C vorheizen. Die Pilze grob schneiden. Spinat, frische Kräuter und Knoblauch im Mixer 20 Sekunden mit der Pulse-Funktion zerkleinern. Kichererbsen, Bohnen, Erbsen, Pilze, Mehl und Ei hinzufügen. Mit Salz und Pfeffer würzen und alles zu einer groben Masse zerkleinern. Mit angefeuchteten Händen daraus sechs kleine Burger-Patties formen und auf ein mit Backpapier ausgelegtes Backblech legen.

Pastinaken und Kartoffeln auf einem zweiten Backblech mit Backpapier verteilen, mit Olivenöl beträufeln und mit Salz und Pfeffer würzen. Patties und Gemüse im vorgeheizten Backofen 15–20 Minuten backen. Die Gemüse-Pommes brauchen je nach Backofen eventuell 5–8 Minuten länger. Die Patties pur oder als Burger mit Brötchen aufbauen und mit den Pommes servieren.

FRÜHLINGS-GEMÜSE-RAMEN

Frühling

Im Rezept wird eine Miso-Gewürzpaste verwendet, die sich gut als Dressing zu grünen Salaten und Gemüsesalaten eignet. Für den extra Kick sorgt Kimchi (S. 240). Wenn es schärfer sein darf, 1 TL Harissa mit 1 EL Olivenöl mischen und die Ramen damit beträufeln.

Für 4 Personen / Vorbereitungszeit 30 Minuten / Garzeit 30 Minuten

Zutaten:

MISO-GEWÜRZPASTE	RAMEN
100 g weiße Misopaste	350 g Ramen-Nudeln (oder Lieblingsnudeln nach Belieben)
1 TL Chiliflocken, zerdrückt	8 Stangen grüner Spargel, halbiert (holzige Enden für Brühe verwenden)
4 Frühlingszwiebeln, in feine Ringe geschnitten	2 Handvoll frische Erbsen
1 Stück Ingwer (7,5 cm), geschält und gerieben	2 Handvoll Dicke Bohnen
4 Knoblauchzehen, fein gerieben	850 ml Haferdrink (S. 18)
2 EL Mirin (süßer Reiswein)	3 EL Miso-Gewürzpaste
½ EL Rosen-Harissa (S. 212)	1½ EL gestiftete Mandeln (nach Belieben)

Zubereitung:

Für die Miso-Gewürzpaste alle Zutaten in einer Schüssel mischen und beiseitestellen.

Die Nudeln laut Packungsangabe garen und dann auf vier Bowls verteilen. Das Gemüse in einem Topf mit kochendem Wasser 3 Minuten blanchieren und auf die Bowls verteilen.

Den Haferdrink in einem Topf stark erhitzen. Ein wenig von dem Drink mit 3 EL Miso-Gewürzpaste verrühren und zurück in den Haferdrink gießen. Die Haferdrinkbrühe auf die Bowls verteilen. Zum Servieren die Ramen mit den Mandelstiften garnieren.

❂ Saisonal variieren

Im Sommer Gurkenbänder, halbierte Kirschtomaten, frischen Mais, Tofu und Rucola mit gehackten Erdnüssen verwenden. Für eine Wintervariante Kohl hobeln, gerösteten Blumenkohl klein hacken und Nori-Blätter rösten. Im Herbst Rosenkohl, Süßkartoffeln und Zwiebeln im Backofen goldgelb schmoren und mit Haselnüssen mischen.

 Reste

Im Frühling die Miso-Gewürzpaste verdoppeln und bis zu 6 Monate einfrieren. So lässt sich der Geschmack noch im Winter genießen.

 Lagern

Die Miso-Gewürzpaste hält sich im Kühlschrank bis zu 1 Woche, tiefgekühlt bis zu 6 Monate.

ERBSEN-DINKELOTTO MIT SPINAT, HASELNUSS & ZITRONE

Ganzjährig

Dieses Gericht ist ideal, wenn im Kühlschrank und Vorratsschrank gähnende Leere herrscht. Nehmen Sie Tiefkühl-Erbsen. Diese können Sie im Prinzip das ganze Jahr über verwenden und dann je nach Jahreszeit kombinieren.

Für 4 Personen / Vorbereitungszeit 10 Minuten / Garzeit 30 Minuten
Utensilien: Stabmixer oder Küchenmaschine

Zutaten:

2 EL Olivenöl, plus mehr zum Beträufeln

60 g Haselnusskerne, blanchiert

Salz

1 große Zwiebel, fein gehackt

4 Knoblauchzehen, gehackt

250 g Perldinkel (möglichst 20 Minuten in kaltem Wasser eingeweicht), abgespült

400 g Erbsen (TK oder 350 g frische Erbsen)

100 g Blattspinat (TK oder 150 g frischer Blattspinat der Saison)

400 ml heiße Gemüsebrühe (S. 206)

40 g Parmesan, gerieben

schwarzer Pfeffer

fein abgeriebene Schale und Saft von 1 großen Bio-Zitrone

1 Handvoll fein gehackte glatte Petersilie, zum Garnieren

☯ *Saisonal variieren*

Im Frühling geben Frühlingszwiebeln und Dicke Bohnen dem Perldinkel noch mehr Geschmack. Im Winter Mangold- oder Rote-Bete-Blätter für ein Plus an Nährstoffen untermischen.

➡ *Einfach austauschen*

Keinen Perldinkel im Vorrat? Dann einfach Vollkornreis oder Graupen nehmen. Graupen müssen rund 40 Minuten garen. Natürlich passt auch Risottoreis.

Zubereitung:

In einer Pfanne 1 EL Olivenöl erhitzen und die Nüsse mit 1 Prise Salz goldbraun rösten, dann im Mörser grob zerkleinern und beiseitestellen. Das restliche Olivenöl (1 EL) erhitzen und die Zwiebel mit 1 Prise Salz darin weich dünsten. Den Knoblauch hinzufügen, 1 Minute mitdünsten und dann die Pfanne vom Herd nehmen. Den Perldinkel in einem zweiten Topf mit Wasser bedecken, 1 Prise Salz hinzufügen und aufkochen. Den Deckel auflegen und den Dinkel in 20 Minuten weich garen.

Die Pfanne mit der Zwiebel zurück auf den Herd stellen. Die Hälfte der Erbsen und des Spinats sowie die Brühe hinzufügen. Aufkochen und 2 Minuten kochen lassen. Gemüse vom Herd nehmen, pürieren, den Parmesan einstreuen, restliche Erbsen und restlichen Spinat hinzugeben und garen, bis die Erbsen weich sind. Gut abtropfen lassen. Den Perldinkel mit dem Gemüsepüree mischen und mit Salz und Pfeffer abschmecken. Dinkelotto mit Zitronenabrieb und -saft, Nüssen, Olivenöl und Petersilie anrichten.

ROTE-BETE-RÖSTI MIT WARMEM KICHERERBSEN-HUMMUS

Herbst / Winter / Frühling

Dieses Gericht steckt voller Geschmack und Proteine – es ist also genau
der richtige Kraftspender in einer turbulenten Woche. Sie können
die Rösti in Streifen geschnitten zusammen mit dem Hummus in der
Lunchbox mit ins Büro oder zu einem Picknick nehmen.

Für 4 Personen / Vorbereitungszeit 10 Minuten / Garzeit 25 Minuten
Utensilien: Mixer

Zutaten:

1 große Kartoffel,
geschält und
gewürfelt

Salz

4 EL Olivenöl

2 Knoblauchzehen,
klein gehackt

600 g gegarte
Kichererbsen

90 g Tahin
(Sesammus)

Saft von 1 Zitrone

1 TL gemahlener
Kreuzkümmel

½ TL Paprikapulver

3 große Rote Beten,
geschält

3 Karotten, geschält

65 g Mehl (oder
Kichererbsenmehl)

Schwarzer Pfeffer

6 EL Joghurt

Brunnenkresse-
blätter, zum
Servieren

Zubereitung:

Die Kartoffel in kochendem Salzwasser weich garen, dann abgießen. In einem zweiten Topf 1 EL Olivenöl erhitzen und den Knoblauch darin weich dünsten. 300 g Kichererbsen hinzugeben, diese
knapp mit Wasser bedecken, aufkochen und 12 Minuten köcheln,
bis das Wasser verdampft ist und die Kichererbsen zusammenfallen.
Kichererbsen, Tahin, Zitronensaft, 1 EL Olivenöl, Kreuzkümmel und
Paprikapulver im Mixer zu einer Paste verarbeiten. Falls diese zu
dicklich ist, etwas Wasser untermischen. Hummus kräftig würzen.

Rote Beten und Karotten reiben. Restliche Kichererbsen (300 g),
Kartoffel, Mehl, 1 TL Salz und Pfeffer untermischen. In einer Pfanne
1 EL Olivenöl erhitzen, die Gemüsemischung hineingeben, mit
dem Pfannenwender flach drücken und 10 Minuten backen. Die
Pfanne vom Herd nehmen, mit einem Teller abdecken und die Rösti
darauf stürzen. Rösti zurück in die Pfanne gleiten lassen und in
10–12 Minuten knusprig backen. Den Hummus erwärmen und den
Joghurt einrühren. Die Rösti auf einen Teller legen, mit Hummus
und Brunnenkresse anrichten, mit restlichem Olivenöl (1 EL) beträufeln und servieren.

 *Einfach austauschen*

Als weitere Rösti-Zutaten Knollensellerie, Steckrübe oder Pastinake
verwenden. Nicht genug Kichererbsen? Dann etwas Joghurt mit
Ziegenfrischkäse zu einem lockeren
Ziegenkäseaufstrich aufschlagen.

⊖ Lagern

Die Rösti ist in einem luftdicht
verschließbaren Behälter im Kühlschrank bis zu 3 Tage haltbar.

BOHNENEINTOPF MIT KARAMELLISIERTEM CHICORÉE & CROÛTONS

Frühling / Herbst / Winter

Dieser wärmende Eintopf ist wunderbar als Abendmahlzeit in der Woche. Wenn mehr Personen am Tisch sitzen, dann verdoppeln Sie die Mengen und lassen alles 10 Minuten länger garen.

Für 2–3 Personen / Vorbereitungszeit 10 Minuten / Garzeit 55 Minuten

Zutaten:

- 2 Scheiben Sauerteigbrot (oder anderes Brot), zerteilt
- 6 EL Olivenöl, plus mehr zum Beträufeln
- Salz und schwarzer Pfeffer
- 2 Knoblauchzehen, fein geschnitten
- 300 g gegarte Cannellini-Bohnen

- 2 Zweige Thymian (nach Belieben)
- 200 ml Gemüsebrühe (S. 206)
- abgeriebene Schale und Saft von 1 Bio-Orange
- ½ Bund Minze, Blätter abgezupft und klein gehackt (Stängel für den Kompost)
- ½ Bund Petersilie, Blätter abgezupft

- und klein gehackt (Stängel für den Kompost)
- 100 g grüne Oliven, mit Stein, klein gehackt (oder 75 g grüne Oliven, entsteint und halbiert)
- 4 Chicoréestauden, längs halbiert

 *Einfach austauschen*

Statt der Cannellini-Bohnen andere Hülsenfrüchte wie Kichererbsen oder Linsen verwenden.

Zubereitung:

Eine Pfanne erhitzen, das Brot mit Olivenöl beträufeln, in der Pfanne goldbraun und knusprig rösten, salzen und pfeffern und aus der Pfanne nehmen. 2 EL Olivenöl in die Pfanne geben und den Knoblauch darin weich schmoren. Bohnen und nach Belieben Thymian hinzufügen. Die Brühe hinzugießen und alles 8–10 Minuten köcheln. Kurz vor dem Ende der Garzeit Orangensaft, die Hälfte der Kräuter und die Oliven hinzufügen. Mit Salz und Pfeffer würzen.

In einer zweiten Pfanne 1–2 EL Olivenöl erhitzen und den Chicorée mit der Schnittfläche nach unten hineinlegen. Mit Salz und Pfeffer würzen und unter Wenden 5 Minuten anbraten, oder bis er von allen Seiten gebräunt ist, dann beiseitestellen.

Zum Anrichten die Bohnen in Schüsseln füllen, den Chicorée daraufsetzen. Mit etwas Orangenschale, den restlichen Kräutern und den Croûtons garnieren.

SELLERIESCHNITZEL MIT PUY-LINSEN UND WINTERPESTO

Winter

Dieses Rezept ist perfekt, wenn Sie weniger Fleisch und mehr pflanzliche Proteine essen möchten. Es trifft alle herzhaften Geschmacksnoten, die Sie sich für ein gutes Abendessen wünschen. Sie werden das Fleisch nicht vermissen und sich beim Essen rundum wohlfühlen.

Für 2 Personen / Vorbereitungszeit 10 Minuten / Backzeit 1 Stunde
Utensilien: Mixer

Zutaten:

1 große Sellerie-knolle (etwa 1 kg), geschält und in 4 2 cm dicke Scheiben geschnitten

100 ml natives Olivenöl extra

Salz und schwarzer Pfeffer

1 EL Kapern, abgetropft und abgespült

2 Zweige Thymian

20 g Butter

100 g Puy-Linsen

400 ml Gemüse-brühe (S. 206)

80 g Grünkohl, grob gehackt

8 Salbeiblätter (Stängel für den Kompost)

25 g Pinienkerne, geröstet

20 g Parmesan, gerieben

1 Knoblauchzehe, geschält

 Einfach austauschen

Keine Pinienkerne? Dann für ein dicksämiges Pesto Walnuss- oder Mandelkerne verwenden. Mit Blattspinat statt Kohl bekommt das Pesto etwas mehr Textur.

2 *Verdoppeln*

Eine zweite Sellerieknolle braten und die Schnitzel beiseitelegen. Diese klein schneiden und am nächsten Tag unter einen Salat mischen. Die Schnitzel lassen sich gut klein schneiden und sind ideal für Currys und Eintöpfe oder mit Kartoffeln zerstampft für eine Pie.

Zubereitung:

Den Backofen auf 200 °C vorheizen. Ein Backblech im Backofen erhitzen, die Selleriescheiben auf dem heißen Blech verteilen und mit 2 EL Olivenöl beträufeln. Sellerie salzen und pfeffern und 30 Minuten backen, dann wenden und 30 Minuten auf der anderen Seite backen, bis er weich ist. Kapern und Thymian 5 Minuten vor Backzeitende hinzufügen. Von der Hälfte der Butter ein Stück auf jede Selleriescheibe geben.

Während der Sellerie im Ofen gart, parallel dazu die Linsen in der Brühe weich garen, abtropfen lassen, salzen und pfeffern und warm halten. Die Hälfte des Grünkohls auf einem Backblech verteilen, mit Olivenöl beträufeln, salzen, pfeffern und 8 Minuten im Backofen knusprig braten. Restliche Butter untermischen. Salbeiblätter, restlichen Kohl (40 g), Pinienkerne, Käse und Knoblauch im Mixer zu einer Paste verarbeiten. Das restliche Olivenöl hineinträufeln und alles zu einem sämigen Pesto verarbeiten. Dieses salzen und pfeffern. Die Schnitzel mit Linsen, knusprigem Kohl und Pesto anrichten und mit 1 Spritzer Olivenöl beträufeln.

BUDDHA-BOWL MIT SESAMTOFU UND VOLLKORNREIS

Sommer

Der Tofu kann mit anderem Vollkorngetreide oder in einem Wrap serviert werden, oder einfach mit gegrilltem Gemüse. Er ist überraschend vielseitig. Achten Sie darauf, extrafesten Tofu zu kaufen. Kimchi mit Schwarzkohl (S. 240) passt gut als Beilage zu diesem Gericht.

Für 4 Personen / Vorbereitungszeit 10 Minuten / Garzeit 30 Minuten

Zutaten:

200 g Vollkornreis

2 EL Olivenöl

1 Stück Ingwer (2 cm), geschält und in feine Streifen geschnitten

200 g grüne Bohnen

2 Frühlingszwiebeln, halbiert

2 Pak Choi, halbiert

4 EL Tamari (Sojasauce)

2 EL geröstetes Sesamöl

340 g extrafester Tofu

4 EL Sesam

1 Bund Koriandergrün, klein gehackt

Zubereitung:

Den Vollkornreis in einen Topf mit Wasser geben, den Deckel auflegen und den Reis 25 Minuten garen, bis er weich ist. Abgießen.

Inzwischen in einem Topf 1 EL Olivenöl erhitzen und den Ingwer darin 1 Minute andünsten. Grüne Bohnen, Frühlingszwiebeln, Pak Choi und 100 ml Wasser hinzufügen. Gemüse aufkochen und garen, bis das Wasser verdampft ist. Dann 2 EL Tamari und Sesamöl hinzufügen und weitere 2 Minuten garen, bis das Gemüse weich ist.

Den Tofu abspülen, trocken tupfen und in 2 × 5 cm lange Stäbchen schneiden. Diese im restlichen Tamari leicht wenden und 2 Minuten einziehen lassen. Sesam auf einen Teller schütten. Eine Seite des Stäbchens in den Sesam tauchen und auf einen Teller legen. Mit dem restlichen Tofu ebenso verfahren. Das restliche Olivenöl (1 EL) in einer Pfanne leicht erhitzen. Den Tofu mit der Sesamseite nach unten in die Pfanne legen und die Unterseite goldbraun braten, wenden und von allen Seiten braun braten. Aus der Pfanne heben.

Den Reis mit grünen Bohnen, Pak Choi, Frühlingszwiebeln und Tofu in Bowls anrichten und mit Koriandergrün bestreuen.

❤ Saisonal variieren

Herbstlich wird das Gericht mit Grünkohl, Blattspinat und Mangoldblättern.

×2 Verdoppeln

Tofu mit Sesamkruste eignet sich mit einem knackigen Salat und Erdnuss-Dressing perfekt als Taco-Füllung.

GRÜNE RICOTTAKLÖSSE MIT BUTTER & KRÄUTERN

Sommer

Das ist ein Wohlfühlessen par excellence. Frische Erbsen geben den Klößen eine natürliche süße Frische. Ricotta selber zu machen, kann viel Spaß machen (S. 18), aber wenn die Zeit fehlt, dann lassen Sie den gekauften Ricotta vor der Zubereitung 30 Minuten abtropfen.

Für 4 Personen / Vorbereitungszeit 15 Minuten / Garzeit 20 Minuten

Zutaten:

180 g Zucchini, grob geraspelt

200 g Blattspinat

75 g Erbsen (TK oder frisch)

500 g Ricotta

120 g Parmesan, gerieben, plus mehr zum Servieren

2 Bio-Eier

125 g Mehl, plus mehr zum Bestäuben

1½ TL Meersalz

frisch gemahlener schwarzer Pfeffer

80 g Butter

1 Knoblauchzehe, fein gehackt

½ Bund Kräuter (z. B. Basilikum, Petersilie und Knoblauch-Schnittlauch), fein gehackt

Zubereitung:

Zucchiniraspel im Sieb über einer Schüssel abtropfen lassen. Spinat und Erbsen in einem Topf mit Salzwasser 2 Minuten blanchieren. Das Kochwasser über die Zucchini gießen und das ganze Gemüse in dem Sieb abtropfen lassen. Das abgekühlte Gemüse in ein sauberes Küchentuch legen und überschüssiges Wasser herausdrücken, dann fein hacken, mit Ricotta, Parmesan, Eiern, Mehl und der Hälfte des Salzes mischen und mit Pfeffer kräftig würzen.

Ein Backblech mit Backpapier auslegen. Aus der Ricotta-Masse 40–45 golfballgroße Bällchen formen. Diese auf dem Backblech für 10 Minuten kühl stellen.

Salzwasser aufkochen und die Hitze stark reduzieren. Für die Sauce Butter in einem Topf zerlassen und den Knoblauch darin anschmoren. Sobald er Farbe annimmt, herausnehmen, und den Topf vom Herd nehmen. Kräuter untermischen. Klöße portionsweise im simmernden Wasser garen, bis sie nach oben steigen. Fertige Klöße mit einem Schaumlöffel aus dem Topf heben, abtropfen lassen und in der Butter wenden. Die Klöße mit restlicher Kräuterbutter und Parmesan in Bowls anrichten.

☯ Saisonal variieren

Im Winter die Klöße mit Rote-Bete- und Mangoldblättern zubereiten. Diese blanchieren und unter den Ricotta mischen.

✕2 Verdoppeln

Die Klöße lassen sich gut einfrieren. Einfach eine Woche später mit Kapern-Salbei-Butter servieren.

🍶 Gläsertausch

Wenig Gemüse im Vorrat? Dann stattdessen 1–2 EL vom Sommerlichen Tomatenpesto (S. 220) oder Grünen Frühlingspesto (S. 218) verwenden, oder auch die Fermentierten frischen Kräuter (S. 230). Eine der drei genannten Alternativen für extra-viel Geschmack unter die Ricotta-Masse mischen.

HERZHAFTER BLUMENKOHL-KICHERERBSEN-SALAT

Frühling

Das Dressing für diesen Salat kann für zahlreiche Gerichte wie Röstgemüse, Eier, Kartoffeln, Nudeln und Getreide verwendet werden. Deshalb immer etwas mehr anrühren und in einem fest schließenden Gefäß im Kühlschrank aufbewahren. Vor dem Schütteln auf Zimmertemperatur bringen. So kann es immer und immer wieder verwendet werden.

Für 6 Personen / Vorbereitungszeit 15 Minuten / Garzeit 30 Minuten

Zutaten:

1 großer Blumenkohl, in Röschen geteilt, das Blattgrün klein geschnitten

400 g Kichererbsen (aus der Dose), abgetropft

4 EL Olivenöl

1 EL Chipotle-Chilipulver

2 TL geräuchertes Paprikapulver

2 Knoblauchzehen, gerieben

½ TL Chiliflocken

Salz und schwarzer Pfeffer

6 Handvoll Blattspinat, Rucola, Salatblätter, Radieschengrün und Erbsensprossen

½ Salatgurke, in Scheiben geschnitten

4 EL Kräuter, grob gehackt

2 Avocados, in Spalten geschnitten

HONIG-SENF-VINAIGRETTE

2 EL natives Olivenöl extra

Saft von ½ Zitrone

3 EL Honig

1 EL Dijonsenf

1 EL Tahin (Sesammus)

1 EL Apfelessig

1 Prise Salz

 ### Saisonal variieren

Das Gewürzöl kann im Winter mit geröstetem Wurzelgemüse vom Blech vermischt werden. Winterblattgemüse und Dressing werden zum Schluss darübergegeben. Bitteres Blattgemüse sorgt für zusätzlichen Biss.

Reste

Der Salat kann klein geschnitten und als Füllung für einen Wrap oder ein Fladenbrot verwendet werden. Er ist perfekt als leichtes Mittagessen. Eventuell noch Feta hinzufügen, dann wird der Salat gehaltvoller und etwas salziger.

Zubereitung:

Den Backofen auf 220 °C vorheizen. Blumenkohl, Kichererbsen, Olivenöl, Chilipulver, Paprikapulver, Knoblauch, Chiliflocken, 1 Prise Salz und Pfeffer in einer großen Schüssel gründlich mischen. Die Mischung auf einem Backblech verteilen und im Backofen 20 Minuten rösten, bis alles weich und gebräunt ist.

Blätter, Gurke und Kräuter mischen. Für die Vinaigrette alle Zutaten in ein Schraubglas füllen. Den Deckel fest verschließen und das Glas kräftig schütteln, damit sich die Zutaten gut verbinden. Vinaigrette nach Belieben nachwürzen.

Den gerösteten Blumenkohl und die gerösteten Kichererbsen unter den Salat heben und mit der Vinaigrette beträufeln. Den Salat mit Avocado garnieren und mit Pfeffer würzen.

Fertig in 30 Minuten

Besondere Schnellgerichte, die es in sich haben, sind genau das, was Sie nach einem langen Arbeitstag brauchen, oder wenn unerwartet Besuch vor der Tür steht.

Viele der Rezepte in diesem Kapitel verwenden frisches und tiefgekühltes Gemüse sowie Gläser mit jahreszeitlichen Köstlichkeiten. Verschaffen Sie sich einen Überblick über Kühlschrank, Tiefkühlgerät und Vorratsschrank. Erst wenn Sie wissen, was Sie im Haus haben, können Sie Ihre Mahlzeiten bewusster vorbereiten. Die Essensplanung wird einfacher, genau wie das Kochen selbst, vor allem, wenn Sie die saisonalen und flexiblen Tipps beherzigen.

MISO-FISCHBRÜHE

Frühling / Sommer

Diese gesunde Wohlfühl-Bowl steckt voller Nährstoffe. Es gibt unzählige Varianten mit Räucherfisch, Hähnchen oder Gemüse wie Pak Choi oder Brunnenkresse, ganz nach Geschmack. Sie können auch Quinoa oder Nudeln in jede Bowl geben und die Suppe darüberlöffeln.

Für 4 Personen / Vorbereitungszeit 15 Minuten / Garzeit 10 Minuten

Zutaten:

1 EL Olivenöl

2 Knoblauchzehen, klein geschnitten

1 Stück Ingwer (5 cm), geschält und fein gehackt

300 g Kirschtomaten

300 g grüne Bohnen, halbiert

700 g weißes Fischfilet, in Stücke geteilt

3 EL weiße Misopaste (oder braune)

1 EL Tamari (Sojasauce)

1,2 l Gemüsebrühe (S. 206)

1 Prise Chiliflocken

Salz und schwarzer Pfeffer

5 Frühlingszwiebeln, in feine Ringe geschnitten

300 g gemischtes grünes Frühlingsgemüse, Kohl, Blattspinat, gehackt

1 EL geröstetes Sesamöl

Limettenspalten (oder Zitrone), zum Servieren

V *Vegan genießen*

Den Fisch durch Tofu, Pilze oder noch mehr Gemüse ersetzen.

Zubereitung:

Das Olivenöl in einem großen Topf erhitzen und Knoblauch und Ingwer 1 Minute darin anschwitzen. Tomaten, grüne Bohnen, Fisch, Misopaste, Tamari, Brühe und Chiliflocken hinzufügen und die Brühe mit Salz und Pfeffer würzen.

Den Deckel auflegen und alles aufkochen, dann 5 Minuten köcheln lassen. Frühlingszwiebeln und Gemüse hinzufügen und den Topf vom Herd nehmen. Die Brühe auf die Bowls verteilen, mit Sesamöl beträufeln und die Limettenspalten dazu reichen.

SUPERGRÜNE ORZO-SUPPE

Herbst / Winter

Das ist eine wirklich schmackhafte Suppe und Sie können das Gemüse beliebig der jeweiligen Jahreszeit anpassen. Wenn Sie keine Orzo-Nudeln bekommen können, dann verwenden Sie kurze Nudeln.

Für 2 Personen / Vorbereitungszeit 10 Minuten / Garzeit 12 Minuten
Utensilien: Mixer

Zutaten:

3 EL Olivenöl

4 kleine Portobello-Pilze, klein geschnitten

2 Knoblauchzehen, gerieben

1 Zwiebel, fein gehackt

1 Stange Staudensellerie, klein geschnitten

Salz

500 ml Gemüsebrühe (S. 206)

80 g Orzo-Nudeln

2 Handvoll Mangoldblätter, grob gehackt

2 Handvoll Grünkohl, Stiele entfernt, grob gehackt

2 EL Mandelkerne

½ TL Chiliflocken

1 kleines Stück Parmesan, plus mehr geriebenen Parmesan, zum Anrichten

Zubereitung:

In einem großen Topf 1 EL Olivenöl erhitzen und die Pilze darin bei mittlerer Hitze 2–3 Minuten leicht bräunen. Knoblauch, Zwiebel, Sellerie und 1 Prise Salz hinzufügen und weitere 2–3 Minuten schmoren. Die Brühe und 250 ml Wasser hinzugießen und aufkochen. Orzo in die Suppe geben und in 8–10 Minuten al dente garen. Etwa 3 Minuten vor dem Ende der Garzeit die Hälfte des Mangolds und des Grünkohls hinzufügen.

Restlichen Mangold und Grünkohl zusammen mit restlichem Olivenöl (2 EL), Mandeln, Chiliflocken, Parmesan und 3 EL Wasser im Mixer zu einer glatten Paste verarbeiten.

Die Suppe in Suppenschalen füllen und das Grünkohlpesto darauf anrichten. Suppe mit geriebenem Parmesan bestreuen.

❤ Saisonal variieren

Spargel, Blattspinat und Rucola für das Pesto verwenden. Den Spargel erst 4 Minuten vor dem Ende der Garzeit der Orzo-Nudeln hinzufügen.

✕2 Verdoppeln

Orzo-Nudeln sind ideal für Salate. Deshalb möglichst etwas mehr garen, unter kaltem Wasser abspülen und mit Olivenöl beträufeln. Die Nudeln mit einem Teller abgedeckt bis zur weiteren Verwendung in den Kühlschrank stellen. Mit dem Grünen Frühlingspesto (S. 218) und den Fermentierten Kirschtomaten (S. 232) zaubern Sie im Handumdrehen ein farbenfrohes Mittag- oder Abendessen auf den Tisch.

NUDELSUPPE MIT POCHIERTEM HÄHNCHEN

Frühling / Sommer

Das Rezept verwendet Soba-Nudeln (jap. Buchweizennudeln), aber Sie können alle Nudelsorten nehmen, die Sie mögen. Wenn Sie die Hühnerbrühe selber machen (S. 206), dann geben Sie auch die Hähnchenhaut hinzu, denn diese sorgt für extraviel Geschmack.

Für 4 Personen / Vorbereitungszeit 10 Minuten / Garzeit 15 Minuten

Zutaten:

4 Zitronengras-
stängel

400 ml Hühnerbrühe
(S. 206)

2 EL Fischsauce

70 ml Limettensaft

2 frische oder
getrocknete Kaf-
firlimettenblätter,
zerkleinert

1 Stück Ingwer
(2,5 cm), geschält
und in streich-
holzgroße Stifte
geschnitten

2 EL Ahornsirup

2 Hähnchenbrust-
filets, ohne Haut

300 g Soba-Nudeln
(jap. Buchweizen-
nudeln)

1 TL geröstetes
Sesamöl

6 kleine Pak Choi,
längs halbiert

1 kleines Bund
Koriandergrün,
mit Stängeln

2 Frühlingszwiebeln,
in feine Ringe
geschnitten

2 TL gerösteter wei-
ßer Sesam (oder
schwarzer Sesam)

 **Saisonal variieren**

Den Pak Choi durch (violetten) Brokkolini ersetzen. Dieser muss in der Pochierflüssigkeit 5 Minuten garen.

Reste

Gut schmeckt in dieser Suppe auch das Pochierte Gewürzhähnchen (S. 166). Soba-Nudeln schmecken auch kalt, deshalb gleich die doppelte Menge zubereiten. Wie wäre es mit einem Salat aus Hähnchen, Zuckerschoten, geraspelten Karotten mit Reisweinessig und Koriandergrün als Topping?

Zubereitung:

Die Enden der Zitronengrasstängel zerquetschen, damit sie ihr Aroma freigeben. Diese zusammen mit Brühe, Fischsauce, Limettensaft, Limettenblättern, Ingwer und Ahornsirup in einer Pfanne mit hohem Rand aufkochen und 5 Minuten köcheln lassen. Das Hähnchen hinzugeben und bei aufgelegtem Deckel 4 Minuten garen, das Hähnchen wenden und weitere 4 Minuten garen.

Die Nudeln in einem Topf mit kochendem Wasser nach Packungsangabe garen, dann abtropfen lassen und in wenig Sesamöl wenden. Nudeln abdecken und warm halten.

Das Hähnchen aus der Pfanne nehmen, zerteilen und in einer Schüssel mit Deckel warm halten. Pak Choi in der Pochierflüssigkeit 2–3 Minuten weich garen. Die Nudeln auf Bowls verteilen und mit Pak Choi und Hähnchen anrichten. Die Brühe darüberlöffeln und mit Koriander, Frühlingszwiebeln und Sesam bestreut servieren.

THAI-SALATRÖLLCHEN MIT PUTE

Sommer

Für diese von der Thai-Küche inspirierte supergesunde Mahlzeit wird Putenhackfleisch verwendet, doch das Rezept ist so flexibel, dass Sie das Putenfleisch durch Reste von Hähnchen, Schweinefleisch, Kaninchen oder Fisch ersetzen können – dazu die Reste mit Sojasauce in der Pfanne erwärmen. Röllchen mit Reis oder Nudeln servieren.

Für 4 Personen / Vorbereitungszeit 5 Minuten / Garzeit 20 Minuten

Zutaten:

- 1 EL Olivenöl
- ½ Zwiebel, fein gehackt
- 1 Stück Ingwer (4 cm), geschält und gerieben
- 3 Knoblauchzehen, gerieben
- 500 g Putenhackfleisch (möglichst Bio-Qualität)
- 2 EL Tamari (Sojasauce)
- 1 EL Honig
- ½ TL Chiliflocken

- 3 kleine Römersalatherzen, Enden abgeschnitten (für Brühe oder Kompost)
- 2 Karotten, in streichholzgroße Stifte geschnitten oder geraspelt
- 2 rote Paprikaschoten, in feine Streifen geschnitten
- 4 Frühlingszwiebeln, in Ringe geschnitten
- ½ kleiner Rotkohl, klein gehobelt

- Sesam (oder Erdnusskerne), zum Bestreuen
- 1 Limette, in Spalten geschnitten, zum Servieren (nach Belieben)

DRESSING

- 4 EL Tahin (Sesammus)
- 4 EL Limettensaft
- 2 TL geriebener Ingwer
- 2 Knoblauchzehen, fein gerieben

⚘ *Saisonal variieren*

Statt Römersalat die Blätter von Spitzkohl oder Wirsing verwenden. Die rote Paprikaschote durch Pilze und die Frühlingszwiebeln durch fein geschnittenen Lauch ersetzen.

Ⓥ *Vegan genießen*

Statt Putenhackfleisch einfach Tofu verwenden, wie etwa den Sesamtofu von S. 90.

Zubereitung:

Das Olivenöl in einer großen Pfanne erhitzen und Zwiebel und Ingwer 1 Minute darin anschmoren. Knoblauch und Putenhackfleisch hinzufügen und 5 Minuten braten, bis das Hackfleisch auseinanderfällt und nicht mehr rosa ist. Tamari, Honig und Chiliflocken untermischen und weitere 1–2 Minuten braten, bis das Fleisch an den Rändern gebräunt ist. Beiseitestellen.

Für das Dressing die Zutaten mit 3 EL Wasser verquirlen.

Die Salatblätter auf vier Teller verteilen, Putenfleisch und rohes Gemüse darauf anrichten, mit dem Dressing beträufeln und mit Sesam oder Erdnüssen bestreuen. Oder Pute und Gemüse auf Tellern anrichten und jeder am Tisch kann sich selbst bedienen.

LAMM-FLADENBROTE MIT FETA

Ganzjährig

Mit Eingelegten roten Zwiebeln (S. 244) oder Fermentiertem Kohl mit Apfel & Fenchelsamen (S. 238) servieren. Das Fladenbrot können Sie auch für einfache Abendbrotmahlzeiten verwenden, während sich das Lammhack ebenso als Fleischbällchen für Kebab-Sandwiches eignet.

Ergibt 1 großes Fladenbrot / Vorbereitungszeit 10 Minuten / Backzeit 20 Minuten

Zutaten:

150 g Lammhackfleisch

abgeriebene Schale und
   Saft von ½ Bio-Zitrone

1 Prise Chiliflocken

5 Stängel Minze, Blätter
   fein gehackt

Salz und schwarzer
   Pfeffer

85 g Feta, zerkrümelt

1 große Handvoll
   Brunnenkresse

FLADENBROT

115 g Mehl, plus mehr
   zum Bestäuben

1 TL Backpulver

Salz

100 g Joghurt

Zubereitung:

Den Backofen auf 200 °C vorheizen. Für das Fladenbrot Mehl, Backpulver und 1 Prise Salz in eine große Schüssel sieben. Den Joghurt mit der Hand untermischen. Den Teig zu einer Kugel formen, zurück in die Schüssel legen und mit einem Teller abdecken.

Lammhackfleisch, Zitronensaft und -abrieb, Chiliflocken und gehackte Minze in einer zweiten Schüssel mischen. Mit Salz und Pfeffer würzen und beiseitestellen.

Den Teig auf einer mit Mehl bestäubten Arbeitsfläche zu einem Kreis (Ø 26 cm) ausrollen. Den Teig auf ein mit Backpapier belegtes Backblech legen. Die Lammhackmasse vorsichtig auf dem Teig verteilen und mit den Fingerspitzen flach drücken. Mit Feta bestreuen und im vorgeheizten Backofen 15–20 Minuten backen, bis das Lammhack vollständig durchgegart ist. Das Fladenbrot mit reichlich Brunnenkresse garnieren und servieren.

✕2 *Verdoppeln*

Das Teigrezept verdoppeln und für Tacos kleinere Kreise ausrollen. Fein gewürfelten Schweinebauch mit 1 TL Fenchelsamen und geräuchertem Paprikapulver knusprig anbraten. Für eine vegetarische Variante eine Süßkartoffel verwenden. Aus gehobeltem Kopfsalat, Chili, Koriandergrün und reifer Avocado einen Salat zubereiten, diesen mit Limettensaft beträufeln und auch mit in die Tacos füllen.

❄ *Einfrieren*

Der Teig hält sich tiefgekühlt bis zu 3 Monate. Rechtzeitig auftauen und für Tacos oder zum Backen von Pizza oder einfachem Fladenbrot als Beilage zu Eintopf oder Curry verwenden.

FISCH-MUSCHEL-EINTOPF

Ganzjährig

Es werden auch Miesmuscheln aus nachhaltiger Zucht angeboten. Diese wachsen an Seilen im Meer, kommen ohne zusätzliches Futter aus und reinigen das Wasser. Die Muscheln gründlich unter kaltem fließendem Wasser waschen und die Bärte entfernen.

Für 4 Personen / Vorbereitungszeit 10 Minuten / Garzeit 15 Minuten

Zutaten:

2 EL Olivenöl

3 Knoblauchzehen, fein gehackt

1 TL Fenchelsamen

1 Prise Chiliflocken

800 g Tomaten (aus der Dose), abgetropft und abgespült (Saft auffangen und für eine Brühe verwenden)

Salz und schwarzer Pfeffer

200 ml Weißwein

400 g weißer Fisch, in grobe Stücke geschnitten (z. B. Seehecht oder Scholle)

700 g neue Kartoffeln, halbiert und gegart

500 g Miesmuscheln, gereinigt und von Bärten befreit

½ Bund Petersilie, mit Stängeln, grob gehackt

Brot, geröstet, zum Servieren

 *Saisonal variieren*

Im Frühling und Sommer die Miesmuscheln durch ein nachhaltiges Schalentier wie Krebs oder Kaisergranat, je nach Wohnort, ersetzen. Dazu am besten den Fischhändler um Rat fragen.
Frische Sommertomaten verwenden. Nur die Haut entfernen und diese zum Kompost geben.

Zubereitung:

In einer großen Pfanne das Öl erhitzen und den Knoblauch darin bei mittlerer Hitze 30 Sekunden anbraten. Fenchelsamen und Chili hinzufügen und 1 Minute weiterbraten, dann die Tomaten hinzufügen. Das Gemüse mit Salz und Pfeffer würzen und weitere 5 Minuten köcheln lassen.

Die Hitze erhöhen und den Wein dazugießen. Die Tomatenmischung kurz aufkochen, dann die Hitze reduzieren. Fisch und Kartoffeln hinzufügen. Nach 1 Minute die Muscheln darauf verteilen und einen Deckel auflegen. Einen großen Topfdeckel nehmen, falls die Pfanne keinen Deckel hat. Fisch und Muscheln etwa 2–3 Minuten dämpfen, bis die Muscheln sich öffnen. Umrühren und eventuell nachwürzen. Alle geschlossenen Muscheln entfernen. Den Eintopf mit Petersilie bestreuen und mit geröstetem Brot servieren.

KEDGEREE

Frühling / Sommer

Dieses bekannte englische Reisgericht hat alle Zutaten für eine vielseitige Abendmahlzeit. Nehmen Sie Gemüse der Saison und achten Sie darauf, dass der Fisch aus nachhaltigem Fang ist.

Für 4 Personen / Vorbereitungszeit 10 Minuten / Garzeit 15 Minuten

Zutaten:

2 große Bio-Eier

4 frische Lorbeerblätter (oder getrocknete)

400 g ungefärbte, geräucherte weiße Fischfilets (ohne Haut und Gräten)

200 g grüne Bohnen, klein geschnitten

3 EL Olivenöl

2 geh. TL gelbe Senfsamen

2 geh. TL gemahlene Kurkuma

1 Bund Frühlingszwiebeln, in feine Ringe geschnitten

1 Stück Ingwer (2 cm), geschält und fein gehackt

1 großes Bund Blattspinat, gehackt

500 g gegarter Vollkornreis (oder Reste anderer Getreidekörner)

300 g Erbsen (TK oder 150 g frische Erbsen)

Saft von 1 Zitrone

1 Bund Koriandergrün mit Stängeln

JOGHURTSAUCE

3 EL Joghurt (1,5 % Fett)

1 TL Rosen-Harissa (S. 212)

½ EL fein gehackte Eingelegte Zitrone (S. 222)

Saft von ½ Zitrone

☯ *Saisonal variieren*

Statt grüner Bohnen und Spinat Brokkoli und Mangoldblätter verwenden. Noch intensiver wird der Geschmack mit in feine Streifen geschnittenem Lauch statt der Frühlingszwiebeln.

×2 *Verdoppeln*

Die Joghurtsauce zu pochierten Eiern servieren. Gerade so viel anrühren, um den Boden einer Bowl zu bedecken. Darauf zwei pochierte Eier anrichten. Mit knusprigen Brotbröseln bestreuen und als Frühstück oder leichtes Mittagessen servieren.

Zubereitung:

Einen großen Topf mit kochendem Wasser füllen. Eier, Lorbeerblätter und geräucherten Fisch 8 Minuten darin köcheln lassen. In einem mittelgroßen Topf Wasser aufkochen und die grünen Bohnen 5 Minuten darin weich garen.

In einem großen Topf 1 EL Olivenöl erhitzen und Senfsamen und Kurkuma darin bei mittlerer Hitze rösten, bis die Samen aufpoppen. Frühlingszwiebeln und Ingwer unter Rühren hinzufügen. Spinat und dann den gegarten Reis, Erbsen und Zitronensaft untermischen.

Fisch aus dem Topf nehmen, zerteilen und zum Reis geben. Die Eier unter kaltem Wasser abschrecken, pellen und vierteln. Für die Joghurtsauce alle Zutaten verrühren. Grüne Bohnen unter den Reis mischen und mit Eiern, Koriandergrün und Joghurtsauce anrichten.

MAKRELEN-TARTINE MIT ROTE-BETE-CREME

Sommer / Herbst

Eine Tartine oder ein belegtes Brot sind eine einfache Mahlzeit, denn sie sind schnell zubereitet und angerichtet. Servieren Sie den Fisch möglichst auf einem gerösteten Saatenbrot (S. 140).

Für 2 Personen / Vorbereitungszeit 15 Minuten / Garzeit 20 Minuten
Utensilien: Mixer

Zutaten:

2–3 kleine Rote Beten (Blätter für eine Salatbeilage verwenden)

Salz

1 TL gemahlener Kreuzkümmel

1 TL geriebener Meerrettich (oder 1 TL Meerrettichcreme)

3 EL Joghurt

1 TL Dijonsenf

schwarzer Pfeffer

2 Makrelenfilets, ohne Gräten

1 Handvoll Brunnenkresse

Roggen- oder Saatenbrot, geröstet

Olivenöl, zum Beträufeln

Zubereitung:

Die Rote Beten in einem Topf mit Wasser bedecken und 1 Prise Salz hinzugeben. Das Wasser zum Kochen bringen und die Beten darin zugedeckt in 20 Minuten garen, dann abtropfen lassen und unter kaltem Wasser abspülen. Die Knollen schälen und im Mixer zusammen mit Kreuzkümmel, Meerrettich, Joghurt, Senf, Salz und Pfeffer zu einer glatten Creme verarbeiten, beiseitestellen.

In einer beschichteten Pfanne die Makrelenfilets mit der Haut nach unten 2–3 Minuten anbraten, bis sie knusprig sind, dann wenden und auf der anderen Seite 1 Minute braten.

Brunnenkresse und Rote-Bete-Blätter in einer Schüssel mischen. Die Rote-Bete-Creme auf das Brot streichen, die Makrele darauf anrichten und mit einer Handvoll Salatblättern garnieren. Tartines mit Olivenöl beträufeln und mit Salz und Pfeffer würzen.

❤ Saisonal variieren

Im Winter ist die Tartine mit Ziegenkäse und Piccalilli (S. 210) und einem Salat aus bitteren Salatblättern eine gute vegetarische Alternative. Im Frühling zerdrückte Avocado mit knackigen Kürbiskernen, Erbsensprossen und Fermentierten Kümmel-Radieschen (S. 224) als schmackhafte vegane Variante servieren.

BROKKOLI-CASARECCE MIT PINIENKERNEN

Sommer / Herbst

Diese einfache One-Pot-Pasta ist überraschend leicht, aber voller Geschmack. Probieren Sie auch ein anderes grünes Gemüse wie beispielsweise Mangold, Blattspinat oder Grünkohl.

Für 4 Personen / Vorbereitungszeit 5 Minuten / Garzeit 8–10 Minuten

Zutaten:

500 ml Gemüse- oder Hühnerbrühe (S. 206)

200 g Casarecce (oder andere kurze Nudeln, eventuell pflanzliche Nudelsorten)

½ Brokkoli, grob zerteilt

5 EL Crème double

1 Knoblauchzehe, mit dem Messerrücken zerdrückt

schwarzer Pfeffer

Salz (nach Belieben)

2 EL geröstete Pinienkerne

2 EL grob gehackte Kräuter (z. B. Basilikum oder Majoran)

Parmesan, gerieben, zum Servieren

ⓖ *Gläsertausch*

Fermentierten Knoblauch (S. 228) und 2 EL Fermentierte frische Kräuter (S. 230) mit nativem Olivenöl extra im Mixer zerkleinern. Noch 3 EL gegarte Erbsen (TK) hinzufügen und alles nochmals zerkleinern. Das Pesto mit wenig Nudelkochflüssigkeit unter die gegarten Nudeln mischen. So schnell steht das Abendessen auf dem Tisch.

Zubereitung:

In einem großen Topf die Brühe bei mittlerer Hitze aufkochen. Dann die Nudeln und den Brokkoli hineingeben, nochmals aufkochen, den Deckel auflegen und die Hitze stark reduzieren. Nudeln und Brokkoli 4–6 Minuten garen, bis die Nudeln halb gar oder sehr al dente sind. Alle 2 Minuten umrühren.

Crème double und Knoblauch unter die Nudeln rühren, den Deckel wieder auflegen, und die Nudeln weitere 2 Minuten garen, dabei gelegentlich umrühren, bis die Nudeln al dente oder gerade gar sind. Den Topf vom Herd nehmen. Die Nudeln mit reichlich Pfeffer würzen und Pinienkerne und Kräuter untermischen.

Pasta eventuell noch mit Salz und Pfeffer würzen. Falls die Sauce zu dicksämig ist, etwas heißes Wasser unterrühren. Den Knoblauch entfernen und die Nudeln mit geriebenem Parmesan bestreuen.

KICHERERBSEN-FLADENBROT-PIZZA MIT CASHEWPESTO ·

Frühling / Sommer

Fladenbrot ist eine gute Alternative zu einem Pizzaboden, und ein Fladenbrot aus Kichererbsenmehl wird zudem wunderbar knusprig. Es ist reich an Proteinen, äußerst schmackhaft und richtig köstlich mit Pesto und Mozzarella.

Für 2 Personen / Vorbereitungszeit 10 Minuten /
Backzeit 20 Minuten
Utensilien: Mixer & Backform (Ø 22–24 cm)

Zutaten:

1½ EL natives Olivenöl extra, plus mehr für die Form und zum Beträufeln

120 g Kichererbsen-mehl (oder ein Hülsenfruchtmehl)

40 g Parmesan, gerieben

1 EL zerkleinerte Basilikumblätter

1 EL Thymianblätter

Salz und schwarzer Pfeffer

1 Büffelmozza-rella, in Scheiben geschnitten

Rucolablätter, zum Garnieren

CASHEWPESTO

150 g Cashewkerne

1 Handvoll Basilikumblätter

1 große Handvoll Babyspinatblätter

Saft von ½ Zitrone

4 EL natives Olivenöl extra

4 EL Raps- oder Erdnussöl

Salz und schwarzer Pfeffer

Zubereitung:

Den Backofen auf 240 °C vorheizen. Die Backform mit Öl einpinseln und im Backofen erhitzen. Für das Pesto alle Zutaten im Mixer zu einer sämigen Paste verarbeiten, mit Salz und Pfeffer würzen und beiseitestellen.

Das Mehl in eine große Schüssel sieben und mit 240 ml Wasser und 1 EL Wasser glatt verrühren. Olivenöl, Parmesan und Kräuter unter-mischen, mit Salz und Pfeffer würzen und alles zu einem glatten Teig verarbeiten. Den Teig in die vorbereitete Backform füllen und im vorgeheizten Backofen etwa 20 Minuten backen, bis der Boden gar ist. Fladenbrot großzügig mit Pesto bestreichen. Mit Mozza-rellascheiben belegen und mit Rucolablättern garnieren. Vor dem Servieren mit Olivenöl beträufeln und mit Salz und Pfeffer würzen.

Ⓥ *Vegan genießen*

Den Parmesan weglassen und das Brot statt mit Mozzarella mit einer in Scheiben geschnittenen Tomate oder einer geschmorten roten Paprika belegen. Für einen Umami-Geschmack 400 g in Scheiben geschnittene braune Pilze und eine fein geriebene Knoblauchzehe in wenig Olivenöl anbraten und auf dem Pesto verteilen.

Ⓖ *Gläsertausch*

Das Cashewpesto durch Grünes Frühlingspesto (S. 218) oder Som-merliches Tomatenpesto (S. 220) ersetzen. Für knackigen Biss sorgen die Eingelegten roten Zwiebeln (S. 244) als Garnitur.

SPINAT-FALAFEL-BOWL

Ganzjährig

Natürlich ist frischer Spinat, wenn gerade Erntezeit ist, immer besser, aber Sie können auch tiefgekühlten Spinat verwenden. Falls Sie keine Semmelbrösel haben, lassen Sie diese weg. Servieren Sie die Falafeln mit Fladenbrot (S. 106) und fein gehacktem Salat oder klein geschnittenem Gemüse der Jahreszeit.

Für 6 Personen / Vorbereitungszeit 10 Minuten /
Backzeit 20 Minuten
Utensilien: Mixer

Zutaten:

450 g Blattspinat,
  gewaschen

2 Bio-Eier, verquirlt

4 Knoblauchzehen

250 g gegarte
  Kichererbsen

120 g Semmelbrösel

20 g Parmesan, gerieben

1 TL Backpulver

¼ TL Meersalz

abgeriebene Schale und
  Saft von 1 Bio-Zitrone

CANNELLINI-BOHNEN-HUMMUS

1 Dose Cannellini-
Bohnen (400 g)

2 Knoblauchzehen

1 EL Tahin (Sesammus)

Salz und schwarzer
  Pfeffer

Zubereitung:

Den Backofen auf 250 °C vorheizen. Den Spinat, eventuell portionsweise, in einem großen Topf bei starker Hitze garen. Spinat umrühren, bis er zusammenfällt und die Feuchtigkeit verdampft ist, dann auf einem Holzbrett klein hacken.

Eier, Knoblauch, Kichererbsen, die Hälfte der Semmelbrösel, Käse, Backpulver und Meersalz im Mixer pürieren. Die Masse in einer Schüssel mit Spinat und Zitronenabrieb mischen. Mit den Händen zu 25 Bällchen (Ø 4 cm) formen. Diese auf ein Backblech legen, leicht flach drücken und im Backofen 20 Minuten backen, bis die Bällchen goldbraun sind. Zwischendurch einmal wenden.

Für den Hummus alle Zutaten mit dem Zitronensaft und 30 ml Wasser zu einer glatten Masse pürieren. Falls nötig, noch etwas Wasser unterrühren. Zu den Falafeln servieren.

☘ Saisonal variieren

Mit Tiefkühlspinat lassen sich die Falafeln ganzjährig zubereiten. Die Salatzutaten je nach Jahreszeit variieren. Im Sommer Radieschenblätter, Salatgurke, Erbsensprossen und Salatblätter verwenden. Im Winter sind in Streifen geschnittener Schwarzkohl, bitterer Radicchio, fein geschnittener Chicorée und geriebene Karotten eine gute Wahl.

❄ Einfrieren

Die Bällchen vor dem Backen einfrieren. Sie halten sich bis zu 3 Monate im Tiefkühlgerät.

Ⓥ Vegan genießen

Statt die Falafel mit Eiern zu binden, einfach 2 EL gemahlene Leinsamen und 5 EL Wasser zu einer dicken Paste verquirlen. Probieren Sie glutenfreie Haferflocken statt der Semmelbrösel. Diese zuerst in der Küchenmaschine vermahlen und dann unter die Masse mischen. In diesem Fall jedoch den Käse weglassen.

Kochen auf Vorrat

Jeden Tag zu kochen, mag vielleicht nicht so Ihr Ding sein, aber trotzdem möchten Sie ein nahrhaftes, nachhaltiges Essen servieren. Wenn Sie Portionen vorkochen, haben Sie einige Tage frei und zugleich weniger Abfall.

Dieses Kapitel ist voll von Gerichten, deren Zutaten Sie verdoppeln und für die kommende Woche einfrieren können. Vorkochen ist ideal, um das zu verarbeiten, was sowieso im Haus ist, und es haltbar zu machen. Obendrein müssen Sie weniger wegwerfen. Sie finden jede Menge köstliche Rezepte wie Blumenkohl-Korma, Rinderragout mit Linsen, Hähnchen-Pfanne und Gewürzgranola, aber auch schmackhafte Saucen, die Sie immer wieder einsetzen können. So kommen Sie gut, gesund und glücklich durch die Woche und den Monat.

RINDERRAGOUT MIT LINSEN

Herbst

In diesem Rezept wird nur wenig Rindfleisch verwendet, deshalb sollten Sie möglichst Fleisch in Bio-Qualität kaufen. Das Gericht ist ein gutes Beispiel dafür, wie Sie mit Hülsenfrüchten und Gemüse ein superköstliches Abendessen zaubern können. Servieren Sie dazu einen Gemüsestampf aus Sellerie und Kartoffeln oder Vollkornreis.

Für 6 Personen / Vorbereitungszeit 15 Minuten /
Garzeit 1 Stunde 25 Minuten
Utensilien: großer Suppentopf

Zutaten:

3 EL natives Olivenöl extra

200 g Bio-Rinderhack

1 große Zwiebel, fein gewürfelt

2 Karotten, geschält und gewürfelt

3 Portobello-Pilze (große Pilze), gewürfelt

4 Sardellen (aus dem Glas), fein gehackt (nach Belieben)

2 Knoblauchzehen, klein gehackt

200 g getrocknete Linsen (schwarze, braune oder grüne passen hier gut)

500 ml passierte Tomaten (oder Tomaten aus der Dose)

250 ml Gemüse-brühe (S. 206)

½ TL getrockneter Oregano

1 Prise gemahlener Zimt

1 Spritzer Aceto balsamico

Salz und schwarzer Pfeffer

Zubereitung:

Das Olivenöl in einem großen Suppentopf erhitzen und das Hack-fleisch 5–10 Minuten darin anbraten, dabei gelegentlich umrühren. Es sollte an den Rändern ein wenig braun werden. Anschließend auf einem Teller beiseitestellen. Zwiebel, Karotten, Pilze, Sardellen, falls verwendet, und Knoblauch in der Pfanne bei mittlerer Hitze 15 Minuten schmoren, bis sie ausreichend gegart sind.

Die Linsen zusammen mit den restlichen Zutaten und dem Rinder-hack in den Suppentopf geben und zugedeckt etwa 1 Stunde köcheln lassen, mit Salz und Pfeffer würzen. Soll das Ragout etwas dicksämiger werden, in den letzten 10 Minuten ohne Deckel garen.

Reste

Als Füllung einer Backkartoffel, in einem Taco mit Eingelegten roten Zwiebeln (S. 244), zum Ei, mit Nudeln oder zusammen mit warmem Hummus und einem Fladenbrot (S. 106) servieren. Extra Würze bekommt das Ragout mit Rosen-Harissa (S. 212).

Einfrieren

In einem luftdicht verschließbaren Behälter bis zu 3 Monate haltbar.

Vegan genießen

Etwa 300 g mehr Linsen nehmen, Rindfleisch und Sardellen weg-lassen, und das Rezept wie beschrie-ben zubereiten.

GELBES DAL

Sommer/Herbst

Dieses Gericht ist, was Nährstoffe und Bequemlichkeit angeht, perfekt als würzige stärkende Mahlzeit und ideal zum Vorkochen. Einfach gut zum Bewirten von Freunden und einfach praktisch zum Einfrieren.

Für 4 Personen / Vorbereitungszeit 10 Minuten / Garzeit 1 Stunde

Zutaten:

250 g gelbe Schälerbsen (Chana Dal), abgespült (oder rote Linsen)

½ TL gemahlene Kurkuma

3 EL Butter (oder Ghee)

1 große Zwiebel, klein gehackt

4 Knoblauchzehen, gerieben

1 rote oder grüne Chilischote, entkernt und klein geschnitten

1 Stück Ingwer (2 cm), geschält und gerieben

1 TL Kreuzkümmelsamen

1 TL Senfsamen

1 Handvoll Kirschtomaten, geviertelt (oder 1 große Handvoll Pflaumentomaten, halbiert)

Salz

Joghurt und Koriandergrün, zum Servieren

 **Saisonal variieren**

Wurzelgemüse mit Kreuzkümmelsamen rösten und statt der Tomaten für eine winterliche Note hinzufügen.

Reste

Perfekt mit Reis zu Zucchini-Pickles mit Kurkuma & Senfsamen (S. 236) und mit einem pochierten Ei als leichtes Mittagessen.

Zubereitung:

In einem großen Topf Erbsen und Kurkuma mit Wasser bedecken und 30–45 Minuten bei schwacher Hitze garen, bis sich die Erbsen mit dem Finger leicht zerdrücken lassen und eine suppenartige Konsistenz haben. Rote Linsen müssen nur 15–20 Minuten garen.

Inzwischen die Butter in einer Pfanne bei schwacher Hitze zerlassen und die Zwiebel 10–12 Minuten darin andünsten. Die Hitze erhöhen und Knoblauch, Chili, Ingwer, Kreuzkümmel- und Senfsamen hinzufügen. Sobald die Samen aufpoppen, die Tomaten hinzugeben und bei mittlerer Hitze weitere 10 Minuten köcheln lassen. Tomaten unter die Erbsen mischen. Dal mit Salz würzen, in Bowls anrichten und mit einem Klecks Joghurt und Koriandergrün garnieren.

HÄHNCHEN-PFANNE MIT ZITRONE & OLIVEN

Ganzjährig

Dieses Schmorgericht schmeckt das ganze Jahr über. Wenn Sie nicht die Zeit haben, um das Fleisch lange zu marinieren, dann reichen auch 20 Minuten. Servieren Sie dazu frisches Brot oder Getreide wie Vollkornreis oder Couscous.

Für 4 Personen / Vorbereitungszeit 15 Minuten / Garzeit 1 Stunde
Utensilien: große Auflaufform

Zutaten:

8 kleine Bio-Hähnchenschenkel

¼ TL gemahlener Ingwer

½ TL schwarzer Pfeffer

1 Zimtstange

2 TL gemahlener Kreuzkümmel

1 TL Ras el-Hanout (marok. Gewürzmischung)

3 EL Olivenöl

1 Zwiebel, klein geschnitten

3 Knoblauchzehen, ganze Zehen zerdrückt

200 ml Hühner- oder Gemüsebrühe (S. 206)

1 Eingelegte Zitrone, entkernt und klein geschnitten (S. 222)

1 EL aufgefangenes Zitronenwasser

120 g grüne Oliven

1 Bund Petersilie, gehackt, zum Garnieren

 **Reste**

Das Gericht mit Kichererbsen ergänzen. Schmeckt gut zu Fermentiertem Blumenkohl mit Koriander (S. 242). Mit Fladenbrot als gute Alternative servieren.

Ⓥ Vegan genießen

Das Hähnchen durch Blumenkohl ersetzen, diesen insgesamt 30 Minuten marinieren und anschließend im Backofen 25–30 Minuten schmoren.

Zubereitung:

Das Hähnchen mit den trockenen Gewürzen und 1 EL Olivenöl im Kühlschrank 20–30 Minuten marinieren; je länger, desto besser.

Den Backofen auf 200 °C vorheizen. Das restliche Olivenöl (2 EL) in einer Pfanne erhitzen und Zwiebel und Knoblauchzehen darin weich und goldbraun braten. Alle Zutaten mitsamt der Zwiebelmischung in einer großen Auflaufform oder auf einem Backblech verteilen. Die Form sollte so groß sein, dass die Hähnchenschenkel nebeneinander darin liegen können. Hähnchen im vorgeheizten Backofen 40 Minuten braten oder bis das Hähnchenfleisch vollständig gegart ist. Mit Petersilie bestreuen und servieren.

MINESTRONE MIT GRÜNKOHL & LINSEN

Herbst / Winter

Suppen lassen sich gut vorkochen und genauso gut einfrieren. Parmesanrinde, die Sie ebenfalls einfrieren können, gibt der Suppe zusätzlich Geschmack, doch Sie können sie weglassen, wenn Sie gerade keinen Parmesan haben. Falls Sie die Suppe im Glas einfrieren, achten Sie darauf, dass genug Platz zum Ausdehnen bleibt.

Ergibt 2,5 l / Vorbereitungszeit 5–10 Minuten / Garzeit 50 Minuten
Utensilien: großer Suppentopf

Zutaten:

2 EL natives Olivenöl extra

1 große Zwiebel, grob gehackt

1 Stange Staudensellerie, klein geschnitten

1 große Karotte, grob gewürfelt

Salz und schwarzer Pfeffer

650 g passierte Tomaten

300 g getrocknete grüne Linsen, abgespült

2 Parmesanrinden (nach Belieben)

2 Lorbeerblätter

2 TL getrockneter Thymian

1,5 l Gemüsebrühe (oder Hühnerbrühe, S. 206)

100 g Grünkohl, klein gehackt

4 Knoblauchzehen, gerieben

Parmesan, gerieben, zum Servieren

Zubereitung:

Das Olivenöl in einem Topf erhitzen und Zwiebel, Sellerie und Karotte hinzufügen. Gemüse mit Salz und Pfeffer würzen und 15 Minuten unter gelegentlichem Rühren leicht dünsten, bis die Zwiebel weich ist. Passierte Tomaten, Linsen und Parmesanrinde, falls verwendet, untermischen. Kräuter und Brühe hinzufügen, alles aufkochen und anschließend 30 Minuten köcheln lassen.

Grünkohl und Knoblauch zum Schluss in die Suppe geben. Parmesanrinde und Lorbeerblätter herausnehmen und wegwerfen. Die Suppe mit Salz und Pfeffer eventuell noch etwas nachwürzen, weitere 5 Minuten köcheln lassen, auf Suppenschalen verteilen und mit geriebenem Parmesan bestreuen.

❤ Saisonal variieren

Karotte, Sellerie und Grünkohl durch Rucola, Blattspinat und grünes Frühlingsgemüse ersetzen. Nach Belieben frische Dicke Bohnen, Erbsen und Frühlingszwiebeln hinzufügen. So wird daraus eine wohlschmeckende Frühlingssuppe.

🥣 Reste

Diese Suppe eventuell mit Croûtons servieren. Dazu altes Brot vom Vortag würfeln und 15 Sekunden in heißem Olivenöl anbraten. Die Brotwürfel halten sich in einem Beutel im Tiefkühlgerät und können bei Bedarf verwendet werden. Sie sind ebenfalls gut als Zutat für Frikadellen (S. 132) geeignet.

❄ Einfrieren

In einzelne Portionen teilen und bis zu 3 Monate tiefkühlen.

MAKKARONI-KÄSE-AUFLAUF MIT KÜRBIS

Herbst / Winter

Ein Lieblingsessen der ganzen Familie, ideal zur Resteverwertung und ein klasse Gericht zum Einfrieren – dieser Auflauf kann rundum punkten. Und schmeckt auch noch großartig. Servieren Sie ihn mit einer Gemüsebeilage à la saison.

Für 4–6 Personen / Vorbereitungszeit 10 Minuten / Garzeit 1 Stunde
Utensilien: Auflaufform mit 1,2 l Fassungsvermögen

Zutaten:

1 Butternusskürbis, entkernt, geschält und in 2 cm große Stücke geschnitten

1 EL Olivenöl

Salz und schwarzer Pfeffer

250 g Makkaroni

20 g Butter

1 EL Mehl

400 ml Milch

200 g Hartkäse (z. B. Cheddar), gerieben

30 g Parmesan, gerieben

Zubereitung:

Backofen auf 220 °C vorheizen. Kürbisstücke in eine Auflaufform legen, mit Olivenöl beträufeln, salzen und pfeffern und im Backofen 25–30 Minuten rösten, bis sie weich und karamellisiert sind.

Inzwischen in einem großen Topf Wasser aufkochen, dann 1 Prise Salz dazugeben und die Makkaroni darin 6 Minuten garen, bis sie bissfest sind. Nudeln abgießen und abtropfen lassen.

In einem zweiten Topf die Butter zerlassen, das Mehl einrühren und 2 Minuten erhitzen. Nach und nach die Milch hinzugießen und alles zu einer Sauce verquirlen. Nachdem die Milch untergemischt ist und die Konsistenz an Crème double erinnert, den Hartkäse gründlich einrühren. Sobald der Käse geschmolzen ist, den Topf vom Herd nehmen. Die Käsesauce über die abgetropften Nudeln gießen und alles mischen. Die Nudeln auf dem Kürbis verteilen, mit Parmesan bestreuen und im Backofen 15–20 Minuten goldbraun backen. Den Auflauf vor dem Servieren 10 Minuten ruhen lassen.

❤ Saisonal variieren

Im Sommer ohne Kürbis zubereiten. Stattdessen Kräuter untermischen und dazu einen schmackhaften knackigen grünen Salat servieren.

➡ Einfach austauschen

Den Kürbis zur Abwechslung durch eine Mischung aus geröstetem Wurzelgemüse wie Pastinaken, Karotten und Roter Bete ersetzen. Noch schmackhafter wird die Sauce, wenn zusätzlich Spinat untergemischt wird. Für eine krosse, dicke Kruste den Parmesan mit 30 g Semmelbröseln mischen.

KERNIGE FRIKADELLEN

Ganzjährig

Um den Fleischkonsum zu reduzieren, können Sie dieses Rezept durch weitere schmackhafte Zutaten ergänzen: Kürbiskerne, Sonnenblumen- kerne und Brotbrösel geben den Frikadellen eine kernige Note.

Für 6–8 Personen / Vorbereitungszeit 20 Minuten /
Garzeit 15 Minuten
Utensilien: Mixer

Zutaten:

1 kg Bio-Rinderhack

2 Zwiebeln, fein gehackt

6 Knoblauchzehen, fein gerieben

1 Bio-Ei, verquirlt

200 g Sauerteigbrot, ohne Kruste und (im Mixer) zu Bröseln verarbeitet

100 g gemahlene Kürbis- oder Sonnenblumenkerne

2 EL Kapern

4 TL getrockneter Oregano

2 TL gemahlener Kreuzkümmel

1 TL Meersalz

3 EL Olivenöl

Zubereitung:

Zunächst 2 Backbleche mit wiederverwendbarem Backpapier aus- legen. Alle Zutaten, außer dem Olivenöl, in eine große Schüssel geben. Mit angefeuchteten Händen alles gut vermengen. Aus der Masse 45 kleine Bällchen formen und diese auf die vorbereiteten Bleche legen. Die Bleche bis zum Braten in den Kühlschrank stellen.

Eine große Pfanne erhitzen, das Olivenöl hineingießen und die Bällchen darin in 5–10 Minuten rundum goldbraun braten. Die Pfanne nicht zu voll machen und die Frikadellen lieber portions- weise braten. Die Bällchen sofort servieren.

 Reste

Einige Frikadellen auf Holzspieße stecken und in die Lunchbox packen. Auch mit Gurkenbändern schmecken sie gut. Diese zuvor in 3 EL Reisessig und 1 EL Honig ein- legen. Dazu Reis servieren. Oder im Fladenbrot (S. 106) mit Hummus oder Kimchi (S. 240) und einem knackigen Kohlsalat servieren.

 Einfrieren

Wenn die Hälfte der Frikadellen eingefroren wird, diese zuerst nebeneinander mit Abstand auf einem Backblech ins Tiefkühlgerät stellen. Anschließend portionsweise einfrieren. Die Frikadellen halten sich tiefgekühlt bis zu 3 Monate.

SPINAT-RICOTTA-LASAGNE MIT BÄRLAUCH

Frühling

Dieses Abendessen lässt sich problemlos vorbereiten und ebenso gut einfrieren. Nehmen Sie es dann am Vorabend aus dem Tiefkühlgerät und lassen es auftauen. Dazu servieren Sie Brunnenkresse oder einen knackigen grünen Salat.

Für 8 Personen / Vorbereitungszeit 30 Minuten / Garzeit 1 Stunde
Utensilien: große Auflaufform

Zutaten:

100 g Butter	200 g Blattspinat, grob gehackt	1 Glas Grünes Frühlingspesto (S. 218, nach Belieben)
100 g Mehl	2 Bund Frühlingszwiebeln, in feine Ringe geschnitten	
600 ml Bio-Milch		1 Handvoll Basilikum
400 g Ricotta	1 Handvoll fein geschnittener Bärlauch oder Schnittlauchröllchen	
100 g Parmesan, gerieben		2 EL Pinienkerne, geröstet (nach Belieben)
Salz und schwarzer Pfeffer		
2 Prisen gemahlene Muskatnuss	225 g Lasagneblätter	

Zubereitung:

Die Butter zerlassen, das Mehl einrühren und 2 Minuten erhitzen. Die Milch hinzugießen und alles verrühren. Die Sauce aufkochen und 2 Minuten eindicken. Den Herd ausschalten und den Ricotta in die Sauce rühren, bis sich alles verbunden hat. Die Hälfte des Parmesans hinzufügen und die Sauce mit Salz, Pfeffer und Muskat würzen. Einige Kellen abnehmen und zur Seite stellen. Spinat, Frühlingszwiebeln und Bärlauch in die restliche Sauce rühren.

Mit einem Drittel der Spinatsauce den Boden der Form bedecken und mit Nudelblättern abdecken. Ein Drittel des Pestos, falls verwendet, darauf verstreichen und Basilikumblätter darauf verteilen. Mit Spinatsauce bedecken, gefolgt von Nudeln und Pesto, und nochmals alle Schichten darauf verteilen. Mit einer Schicht Nudeln enden und die beiseitegestellte weiße Sauce darauf verstreichen, mit Pinienkernen und restlichem Parmesan bestreuen. Nach Belieben die vorbereitete Lasagne einfrieren. Ansonsten den Backofen auf 180 °C vorheizen und die Lasagne darin 40–45 Minuten backen, bis sie Blasen wirft und die Oberseite schön braun und knusprig ist.

 **Saisonal variieren**

Sommerlich wird die Lasagne mit einer Tomatensauce. Gewürfelte Zucchini, Paprika und Auberginen weich schmoren, 400 g gewürfelte Tomaten hinzufügen und weitere 20 Minuten köcheln lassen. Mit dieser Sauce die Lasagne schichten. Das Sommerliche Tomatenpesto (S. 220) sorgt für zusätzlichen Geschmack. Dazu noch eine kleine Kugel Mozzarella zerzupfen und auf der Oberseite verteilen. So wird es lecker cremig. Dazu einen Salat aus Erbsen, Erbsensprossen und Radieschen servieren.

 Einfrieren

Die Lasagne hält sich tiefgekühlt bis zu 3 Monate.

BLUMENKOHL-KORMA

Winter

Dieses köstliche Abendessen in der Woche ist randvoll mit Aromen und kann gut tiefgekühlt werden. So haben Sie an trubeligen Tagen oder an Abenden, an denen Sie nicht kochen möchten, immer etwas Köstliches in petto.

Für 6 Personen / Vorbereitungszeit 20 Minuten / Garzeit 45 Minuten
Utensilien: großer ofenfester Bräter

Zutaten:

2 Blumenkohle, Außen-
  blätter entfernt

4 EL Kokosöl

Salz und schwarzer
  Pfeffer

3 Zwiebeln, fein gehackt

8 Knoblauchzehen, klein
  gehackt

1 Stück Ingwer (3 cm),
  geschält und fein
  gerieben

25 g Korma-Gewürz-
  mischung (S. 27)

400 g stückige Tomaten
  (aus der Dose)

400 g Kokosmilch
  (aus der Dose)

250 g griechischer
  Joghurt

2 EL Ahornsirup

1 Handvoll
  Pistazienkerne

Vollkornreis und
  Limettenspalten,
  zum Servieren

 **Reste**

Mit Fladenbrot (S. 106), und Kokos-joghurt mit Karotten-Apfel-Pick-les mit Galgant (S. 234) servieren. Das Korma schmeckt auch gut als Topping zur Backkartoffel. Für Blumenkohl-Beignets 2 EL Mehl, 1 TL Backpulver und 1 Ei unter 8 EL Blumenkohl-Curry mischen. Öl in einer Pfanne erhitzen und 1 EL der Mischung 2 Minuten von jeder Seite braun frittieren. Mit einem Ei und einem Klecks Joghurt als leckeres Resteessen anrichten.

❄ **Einfrieren**

Das Korma kann bis zu 3 Monate tiefgekühlt werden.

Zubereitung:

Den Backofen auf 220 °C vorheizen. Den Blumenkohl in nicht zu kleine Röschen teilen. Die Stiele in Streifen schneiden. Kohl auf einem Backblech verteilen, mit Kokosöl beträufeln und mit Salz und Pfeffer würzen. Den Kohl im heißen Backofen 16–20 Minuten backen, bis alle Röschen gebräunt sind. Zwischendurch das Blech einmal schütteln.

Inzwischen 2 EL Öl im Bräter erhitzen und die Zwiebeln darin 5 Minuten weich dünsten. Knoblauch, Ingwer und die Gewürz-mischung hinzufügen und umrühren, bis der Knoblauch Farbe nimmt. Tomaten, Kokosmilch, Joghurt und Ahornsirup hinzugeben und alles bei schwacher Hitze 15 Minuten köcheln lassen. Blumen-kohle im Bräter verteilen und 5–10 Minuten köcheln lassen. Korma mit Pistazien bestreuen und mit Reis und Limettenspalten anrichten.

KICHERERBSENSALAT MIT FRÜHLINGSGEMÜSE

Frühling / Sommer

Damit Sie auch wirklich Reste haben, sollten Sie das Rezept gleich verdoppeln. Die Kichererbsen brauchen dann länger zum Kochen – etwa 1 Stunde bis 1½ Stunden. Etwas Schärfe bekommt das Ganze, wenn Sie 1 TL Rosen-Harissa (S. 212) zu den übrigen Zutaten in den Mixer geben.

Für 2 Personen / Vorbereitungszeit 5 Minuten / Garzeit 45 Minuten
+ Einweichzeit über Nacht
Utensilien: Mixer

Zutaten:

185 g getrocknete Kichererbsen	Schale von 1 Eingelegten Zitrone (S. 222)
1 Knoblauchzehe, geschält	50 g Joghurt
150 g Erbsen (frisch oder tiefgekühlt)	1 EL natives Olivenöl extra
1 Handvoll Minze	1 TL Zitronensaft
1 Handvoll Dill	1 TL Ahornsirup
1 Handvoll Petersilie	Salz

Zubereitung:

Die Kichererbsen in einer Schüssel mit 400 ml Wasser auffüllen. Mit einem Küchentuch abdecken und über Nacht einweichen lassen.

Am nächsten Tag die Kichererbsen unter kaltem Wasser gründlich abspülen und in einen Topf füllen. Wasser hinzugießen, bis es die Kichererbsen 5 cm bedeckt. Den Knoblauch hinzufügen und alles aufkochen. Die Hitze reduzieren und die Kichererbsen 40 Minuten köcheln lassen, bis sie weich sind.

Die Erbsen in einem Topf mit kochendem Wasser garen und unter kaltem fließendem Wasser abspülen.

Etwa drei Viertel der Kräuter zusammen mit der Schale der eingelegten Zitrone, Joghurt, Olivenöl, Zitronensaft, Ahornsirup und 1 Prise Salz im Mixer 1 Minute zerkleinern. Die gegarten Kichererbsen und Erbsen hinzufügen und alles mischen. Die restlichen Kräuter klein hacken und über den Salat streuen.

 *Reste*

Dieser Salat kann in einen köstlichen grünen Hummus-Dip oder Aufstrich verwandelt werden. Den Salat im Mixer zerkleinern und mit etwas Wasser zu einer sämigen Paste verrühren. Noch 1–2 EL Olivenöl und nach Belieben 1–2 EL Tahin untermischen. Hummus mit Salz und Pfeffer würzen und nochmals fein pürieren. Dip in ein sterilisiertes Schraubglas füllen und mit einer dünnen Schicht Olivenöl bedecken. Im Kühlschrank hält sich die Creme bis zu 5 Tage. Ideal zum Dippen von Brot, rohem Gemüse oder einfach als Füllung fürs Fladenbrot (S. 106) oder Sandwich.

KERNIGES SAATENBROT

Ganzjährig

Dieses glutenfreie Brot schmeckt geröstet ganz wunderbar. Sie können es gut in Scheiben schneiden und einfrieren, um es bei Bedarf herauszunehmen. Vor dem Backen über Nacht kühl stellen. Sie können die Menge verdoppeln und gleich zwei Brote backen.

Ergibt 1 Laib / Vorbereitungszeit 10 Minuten + Ruhezeit
über Nacht / Backzeit 1 Stunde
Utensilien: Kastenform (23 × 13 cm)

❄ Einfrieren

In dünne Scheiben schneiden und bis zu 3 Monate tiefkühlen.

Zutaten:

200 g Leinsamen, Kürbis- kerne, Sonnenblumen- kerne und Sesam, gemischt

100 g Mandelmehl

100 g Buchweizenmehl

100 g glutenfreie Haferflocken

2 EL gemahlene Flohsamenschalen

2 EL gemahlene Chiasamen

50 ml Olivenöl

1 EL Ahornsirup

1 TL Salz

Zubereitung:

Die Backform mit wiederverwendbarem Backpapier auslegen. Samen und Kerne in einer Pfanne ohne Fett bei mittlerer Hitze unter Rühren rösten, bis sie leicht gebräunt sind, dann in eine Schüssel füllen, abkühlen lassen und mit Mandel- und Buchweizen- mehl, Haferflocken, Flohsamenschalen und Chiasamen mischen.

Olivenöl, Ahornsirup und 500 ml Wasser verrühren und zur Mehl- mischung geben. Salz hinzufügen und mit einem Löffel alles zu einem glatten Teig verrühren.

Den Teig in die vorbereitete Form füllen und die Oberseite mit einem Löffel glatt verstreichen. Mit wiederverwendbarem Back- papier abdecken und über Nacht kühl stellen.

Am nächsten Tag den Backofen auf 200 °C vorheizen. Den Brotteig auf Zimmertemperatur bringen und dann 1 Stunde backen. Das Brot vollständig auskühlen lassen und dann aus der Form stürzen.

ROMESCO-SAUCE

Sommer

Diese vielseitige Sauce sollten Sie immer im Kühlschrank haben. Sie hält sich bis zu sieben Tage. Über gebackenen Feta geträufelt, unter Nudeln gemischt oder mit geröstetem Gemüse serviert, ist sie wirklich ideal. Die Sauce bringt mehr Geschmack auf jedes belegte Brot, und auch Ihre Kinder werden begeistert sein.

Ergibt 400 ml / Vorbereitungszeit 10 Minuten / Garzeit 50 Minuten
Utensilien: Mixer

Zutaten:

- 3 rote Paprikaschoten, entkernt und in Stücke geschnitten
- 4 reife Datteltomaten, halbiert
- 6 EL natives Olivenöl extra
- 1 Knoblauchknolle
- 50 g gemahlene Mandeln

- 30 g Sauerteigbrotbrösel (möglichst Brot vom Vortag, oder mehr gemahlene Mandeln)
- 1 EL Sherryessig
- 1 TL geräuchertes Paprikapulver
- Salz und schwarzer Pfeffer

Zubereitung:

Den Backofen auf 200 °C vorheizen. Die Paprikastücke und die Tomatenhälften mit der Schnittfläche nach oben auf einem Backblech verteilen und mit Olivenöl beträufeln. Das Gemüse im heißen Backofen 20 Minuten rösten. Den Backofen ausschalten und die Backbleche noch weitere 10 Minuten im Backofen lassen.

Paprika und Tomaten in den Mixer geben. Die Knoblauchzehen aus der Haut herausdrücken und zusammen mit den Mandeln, Sauerteigbrotbröseln, Essig und Paprikapulver hinzufügen. Alles zu einer groben, nicht allzu glatten Paste verarbeiten, diese mit Salz und Pfeffer abschmecken und servieren.

 Reste

Zucchini-Nudeln, in der Pfanne gebratene Chorizo oder gebackene Ziegenkäserollen damit beträufeln. Schmeckt gut zu Grillhähnchen, geschmortem Brokkoli oder Blumenkohl. Die perfekte Sauce zu Fleischbällchen im Fladenbrot (S. 106).

 Einfrieren

Hält sich tiefgekühlt 3–6 Monate.

CHIMICHURRI

Sommer

Dies ist eine weitere Sauce, die Sie immer im Kühlschrank oder Tiefkühlgerät haben sollten. Sie können sie auf vielerlei Weise einsetzen – zum Beträufeln, Marinieren oder Tunken. So wird jedes normale Essen zur echten Geschmacksexplosion.

Ergibt 200 ml / Vorbereitungszeit 10 Minuten
Utensilien: sterilisiertes Schraubglas von 200 ml Fassungsvermögen
(S. 202)

Zutaten:

1 rote Zwiebel, fein gewürfelt

4 Knoblauchzehen, gerieben

1 grüne Chilischote, entkernt und gewürfelt

1 Bund Koriandergrün, grob gehackt

1 Bund Petersilie, grob gehackt

125 ml natives Olivenöl extra

Saft von 1 Zitrone

4 EL Sherryessig (oder Rotweinessig)

2 TL fein gehackter Thymian

Zubereitung:

Alle Zutaten verrühren und in ein sterilisiertes Schraubglas füllen. Oder in eine Eiswürfelschale gießen und einfrieren. Anschließend in einen Gefrierbeutel oder -behälter geben. Zum Auftauen etwa 20 Minuten einplanen.

 *Einfach austauschen*

Zu Spiegeleiern servieren oder über Rindfleisch träufeln, zum Marinieren von Fisch, unters Hummus mischen und auf geröstetem Gemüse verteilen. Oder unter den Joghurt als Dip rühren oder mit Olivenöl zum Dressing verrühren. Die Möglichkeiten sind wirklich endlos. Diese Sauce ist köstlich über gebackenen Ricotta oder zu Ricottaklößchen, als Aufstrich fürs Sandwich oder mit Butter vermischt.

 *Einfrieren*

Portionsweise tiefgekühlt bis zu 3–6 Monate haltbar.

NUSSIGES GEWÜRZGRANOLA

Ganzjährig

Bereiten Sie gleich die doppelte Menge zu und schenken Sie einem Freund die Hälfte. Dieses Rezept nennt direkt Alternativen. Sie können also alle Nüsse, Kerne und Samen verwenden, die Sie noch im Vorrat haben … so bleiben keine Reste.

Ergibt 1 kg / Vorbereitungszeit 5–10 Minuten / Röstzeit 45 Minuten
Utensilien: sterilisiertes Schraubglas von 1 l Fassungsvermögen
(S. 202)

Zutaten:

ÖL
90 ml Kokosöl (oder 6 EL)
Ein geschmacksneutrales Öl ist am besten.

SÜSSMITTEL
160 ml Ahornsirup (oder Honig)

GEWÜRZE
je 3 EL gemahlener Zimt, gemahlener Ingwer und gemahlene Kurkuma
Der Zimt sollte am stärksten zu schmecken sein.

HAUPTZUTAT
400 g kernige Haferflocken

KERNE & SAMEN
130 g Kürbis- und Sonnenblumenkerne, Leinsamen

NÜSSE
130 g Mandel-, Cashew-, Haselnuss-, Walnusskerne, Pekan- und Paranüsse

TROCKENFRÜCHTE (nach Belieben)
100 g getrocknete Cranberrys, Rosinen, Feigen, Aprikosen, Medjool-Datteln
Größere Früchte möglichst klein hacken.

Meersalz

Zubereitung:

Den Backofen auf 160 °C vorheizen. Das Öl und den Ahornsirup in einem Topf bei schwacher Hitze erwärmen, bis der Sirup geschmolzen ist. Die Gewürze hinzufügen.

Alle Zutaten, außer den Trockenfrüchten, in einer großen Schüssel mit dem gesüßten Mix und 1 kräftigen Prise Meersalz mischen. Müsli auf einem großen Backblech 45 Minuten im vorgeheizten Backofen hellbraun rösten. Alle 10 Minuten umrühren.

Granola aus dem Backofen nehmen und abkühlen lassen. Vorsichtig in eine große Schüssel füllen und die Trockenfrüchte, falls verwendet, untermischen. Das Knuspermüsli mit einem großen Löffel in das sterilisierte Schraubglas füllen.

✌ Reste

Sie können das Granola über Ihr Frühstück streuen, aber auch bei Desserts wie Cheesecake, pochierten Früchten, Eiscreme und Pfannkuchen sorgt es für einen schönen Crunch. Weniger süß wird es, wenn Sie die Süße auf 30 ml reduzieren. Dann gibt es einem Salat eine zusätzliche Portion Eiweiß.

⊙ Aufbewahren

An einem kühlen, dunklen Ort bis zu 1 Monat haltbar.

Ein Topf, ein Backblech

In diesen Rezepten übernehmen Herd und Backofen die Arbeit. Entweder kommt alles in einen großen Topf auf den Herd oder auf ein Backblech in den Backofen. Da fällt für Sie kaum Abwasch an.

Dieses Kapitel ist für all diejenigen, die gesundes Essen selber zubereiten wollen, aber im Alltag wenig Zeit haben. Ob das Nudelgericht, das in 15 Minuten fertig ist, oder die köstlichen Tamarinden-Sardinen mit vielen Omega-3-Fettsäuren – diese nährstoffreichen und nachhaltigen Gerichte gelingen leicht, machen kaum Arbeit und stecken voller saisonaler Zutaten. Probieren Sie auch die Alternativen, denn vielleicht stellen Sie fest, wie sehr Sie diese Art des Kochens lieben.

GEMÜSE-NUDEL-SUPPE

Herbst

Diese One-Pot-Mahlzeit ist ruckzuck zubereitet. Nehmen Sie Nudeln
aus Ihrem Vorrat und variieren Sie das Gemüse je nach Jahreszeit.

Für 4 Personen / Vorbereitungszeit 10 Minuten / Garzeit 20 Minuten

Zutaten:

- 3 EL Olivenöl
- 1 Knoblauchzehe, klein geschnitten
- 1 Stück Ingwer (2,5 cm), geschält und klein geschnitten
- 1 Lauchstange, fein gewürfelt
- 225 g getrocknete Soba-Nudeln (jap. Buchweizennudeln, oder andere Nudeln)
- 1 kleiner Brokkoli, in kleine Röschen geteilt und Stiele klein gewürfelt

- 100 g Erbsen (TK)
- 5 Shiitakepilze (oder andere Pilze), in Scheiben geschnitten
- 1 Handvoll Gemüseblätter (z. B. Mangold, Blattspinat und/oder Selleriegrün)
- 2 EL Tamari (Sojasauce)
- 2 EL geröstetes Sesamöl
- 1 EL Kerne und Samen (z. B. Sonnenblumen- und Kürbiskerne, Sesam, nach Belieben)

❤ Saisonal variieren

Im Sommer kommen Zucchinibänder, Fenchelstreifen, grüne Bohnen und Pak Choi in die Suppe. Extrafester Tofu, in Würfel geschnitten, passt hier ebenfalls gut. Zum Ende der Garzeit einige frische Kräuter hinzufügen.

Zubereitung:

In einem großen Topf das Olivenöl erhitzen und Knoblauch, Ingwer
und Lauch 3–5 Minuten darin andünsten. Dann 1 l kochendes Wasser hinzugießen, aufkochen lassen und die Nudeln hinzufügen.
Nach 2 Minuten Brokkoli und tiefgekühlte Erbsen zur Nudelsuppe
geben und alles weitere 5 Minuten garen. Pilze und Blattgrün hinzufügen und nochmals 2–3 Minuten unter Rühren köcheln lassen,
bis die Blätter in sich zusammengefallen und die Pilze weich sind.
Die Suppe in die einzelnen Bowls löffeln, mit Tamari und Sesamöl
beträufeln und mit Kernen und Samen bestreuen, dann servieren.

HÄHNCHEN MIT GESCHMORTEN PAPRIKA

Sommer

Dieses Gericht ist absolut einfach in der Zubereitung und schmeckt mit Getreide oder Kartoffeln als Beilage, falls Sie großen Hunger haben. Ansonsten schmeckt auch einfach etwas Brot dazu.

Für 8 Personen / Vorbereitungszeit 10 Minuten / Garzeit 55 Minuten
Utensilien: ofenfester Bräter oder Fettpfanne

Zutaten:

2 rote Zwiebeln, halbiert und in Halbmonde geschnitten

4 rote Paprikaschoten, halbiert, entkernt und jede Hälfte in 4 lange Streifen geschnitten

8 Knoblauchzehen, fein gerieben

1 TL Chiliflocken

1 TL Fenchelsamen

3 EL Olivenöl

2 EL Sherryessig

4 Zweige Rosmarin

Salz

8 Hähnchenschenkel, mit Haut und Knochen, überschüssige Haut abgeschnitten

kleine Röstkartoffeln oder gegartes Getreide, zum Servieren

Zubereitung:

Den Backofen auf 200 °C vorheizen. Zwiebeln und Paprika im Bräter mit Knoblauch, Chiliflocken, Fenchelsamen, Olivenöl, Essig und Rosmarin mischen und mit Salz würzen.

Die Hähnchenschenkel daraufsetzen und alles 45 Minuten im vorgeheizten Backofen schmoren, dabei Hähnchen und Gemüse zwischendurch wenden. Das Hähnchen ist ausreichend gegart, wenn beim Einstechen an der dicksten Stelle der Schenkel klarer Saft austritt. Die Röstkartoffeln oder das gegarte Getreide dazu servieren.

 Saisonal variieren

Die Paprika durch Butternusskürbis oder einen anderen Kürbis ersetzen. Diesen in dünne Spalten schneiden und genauso lange garen. Das Gericht vor dem Servieren mit Chimichurri (S. 144) beträufeln.

Reste

Das Hähnchenfleisch von den Knochen lösen, mit Paprika und Zwiebeln mischen und als Füllung für einen Wrap zum Mittagessen servieren. Oder Sie bereiten einen Sommersalat aus schwarzen Oliven, fein gehobeltem Fenchel, Rucola und den Resten zu.

LACHSFILETS MIT MISO & GRÜNEM GEMÜSE

Frühling/Sommer

Kaufen Sie, wenn möglich, schottischen Zuchtlachs, der nach ethischen Kriterien aufgezogen wurde. Ansonsten nehmen Sie Seehecht oder Scholle. Dazu passen Vollkornreis oder ein anderes Getreide sehr gut.

Für 4 Personen / Vorbereitungszeit 15 Minuten / Garzeit 15 Minuten

Zutaten:

Olivenöl, zum Beträufeln

4 Lachsfilets, Haut entfernt und aufbewahrt (s. Tipp)

12 Stangen grüner Spargel (holzige Enden für den Kompost)

8 Frühlingszwiebeln, Spitzen abgeschnitten, halbiert

4 Stauden Pak Choi, längs geviertelt

2 EL Sesam, geröstet, zum Bestreuen

MISOMARINADE

2 EL weiße Misopaste

2 EL Honig

7 EL Mirin (süßer Reiswein)

1 EL helle Sojasauce

2 TL geröstetes Sesamöl

2 TL fein geriebener Ingwer

Zubereitung:

Den Backofen auf 220 °C vorheizen. Für die Misomarinade alle Zutaten in einer großen Schüssel verquirlen. Das Olivenöl auf ein großes Backblech träufeln. Die Lachsfilets in die Marinade tunken und auf eine Seite des Backblechs legen. Spargel und Frühlingszwiebeln in die Marinade tunken und auf der anderen Seite des Backblechs verteilen. Mit dem Pak Choi ebenso verfahren, diesen aber in einem Häufchen in die Mitte des Blechs legen. So wird er gut gedämpft und vollständig gegart.

Alle Zutaten im vorgeheizten Backofen 12–15 Minuten schmoren, bis der Lachs sich auf Druck fest anfühlt. Lachs und Gemüse auf Tellern oder in Bowls mit Sesam bestreut servieren.

❦ Saisonal variieren

Den Spargel durch Brokkoli oder Brokkolini ersetzen. Chicorée oder Lauch statt Pak Choi und Frühlingszwiebeln verwenden. Den Chicorée längs vierteln, dann halbieren. Den Lauch in Streifen schneiden. Mit der Marinade einpinseln, da das Eintunken wahrscheinlich etwas schwieriger ist. Die Garzeit im Backofen verlängert sich um 3–4 Minuten. Daher den Lachs herausnehmen, in der Zwischenzeit warm halten, und das Gemüse weich schmoren.

Verdoppeln

Die Misomarinade kann ebenso ganz wunderbar für Tofu- oder Hähnchengerichte verwendet werden. Oder vor dem Schmoren Süßkartoffeln oder Gemüse damit bestreichen.

☕ Reste

Soll die Haut gegessen werden? Dann diese einfach mit Mehl bestäuben und mit Salz und Pfeffer würzen. In einer Pfanne 1 EL Olivenöl erhitzen und die Haut 2 Minuten von jeder Seite knusprig braten. Zum Lachs servieren.

GEBACKENER TOMATENREIS MIT MOZZARELLA

Ganzjährig

Gebackener Reis ist perfekt, um aus guten Zutaten aus dem Vorrat etwas Gutes zu zaubern. Bereiten Sie das Gericht mehrmals zu und Sie werden eine Vielfalt an Aromen entdecken. Sie können es in Variationen wöchentlich auf den Speiseplan setzen. Schauen Sie sich also die einfachen Abwandlungen unten genau an.

Für 8 Personen / Vorbereitungszeit 10 Minuten /
Garzeit 1 Stunde 10 Minuten
Utensilien: ofenfester Bräter von 30 cm Länge

Zutaten:

300 g Basmatireis

3 EL Olivenöl

2 Zwiebeln, klein geschnitten

4 Knoblauchzehen, gerieben

5 getrocknete Tomaten, klein gehackt

2 EL Tomatenmark

2 EL Kapern, abgetropft

1 TL getrockneter Oregano

1 rote Chilischote, entkernt und klein gehackt

3 Sardellen, abgetropft und klein gehackt (nach Belieben)

850 ml Hühnerbrühe (oder Gemüsebrühe, S. 206), aufgekocht

1 Bund Basilikum, gehackt

1 Kugel Burrata (oder Mozzarella), zerzupft

Zubereitung:

Den Backofen auf 200 °C vorheizen. Den Reis unter kaltem fließendem Wasser abspülen, bis das Wasser klar bleibt und die Stärke herausgewaschen ist. Das Olivenöl im Bräter erhitzen und die Zwiebeln darin bei schwacher Hitze weich und goldbraun anbraten. Den Knoblauch 1 Minute mitanbraten. Getrocknete Tomaten, Tomatenmark, Kapern, Oregano, Chili und Sardellen, falls verwendet, hinzufügen und 1 Minute mitanbraten. Dann den Reis und die heiße Brühe hinzugeben. Alles umrühren und aufkochen. Den Bräter in den vorgeheizten Backofen stellen und 1 Stunde garen, bis der Reis weich und die Brühe aufgesogen ist.

Mit Basilikum und Burrata garnieren. Der Reis sollte an der Ober- und Unterseite schön kross sein.

 **Einfach austauschen**

Griechisch wird das Gericht mit 1 EL gemahlenem Kreuzkümmel, 1 TL Fenchelsamen, 100 g grünen Oliven, der abgeriebenen Schale von 1 Bio-Orange, 1 Bund Dill, zerkrümeltem Feta und gerösteten Kürbiskernen. Für eine japanische Variante 1 TL gemahlenen Ingwer, 2 EL zerkleinerte Nori-Algen, 2 EL weiße Misopaste, 2 EL Mirin, die abgeriebene Schale von 1 Bio-Limette und 1 kleines Bund Koriandergrün hinzufügen und mit zerkleinertem Räucherfisch servieren.

Ⓥ Vegan genießen

Mozzarella und Sardellen weglassen. Gemüsebrühe verwenden und zum Servieren den Reis mit gerösteten Mandeln bestreuen.

BÄRLAUCH-MUSCHELN MIT KARTOFFELN

Frühling

Muscheln sind eine super nachhaltige Wahl. Probieren Sie einmal dieses einfache Rezept. Wenn Sie es ein paar Mal zubereitet haben, dann fügen Sie nach Belieben Aromen und Geschmacksgeber hinzu. Mit Romesco-Sauce oder Chimichurri (S. 142 und S. 144) bekommen die Muscheln immer wieder eine andere Note.

Für 4 Personen / Garzeit 25 Minuten

Zutaten:

2 EL Olivenöl

1 Zwiebel, fein gehackt

1 Knoblauchzehe, fein gehackt

250 ml Weißwein

750 g neue Kartoffeln, halbiert und große geviertelt

1 kg frische Miesmuscheln, gereinigt und von Bärten befreit

150 g Blattspinat

2 EL Bärlauch (oder Knoblauch-Schnittlauch), fein gehackt

Salz und schwarzer Pfeffer

Zubereitung:

Das Olivenöl in einem großen Topf erhitzen und Zwiebel und Knoblauch 2 Minuten darin andünsten. Den Weißwein hinzugießen und 1 Minute kochen. Kartoffeln hinzufügen und alles aufkochen lassen. Den Deckel auflegen und die Kartoffeln 15 Minuten garen, bis sie weich sind. Muscheln unterrühren, den Deckel auflegen und alles 5 Minuten köcheln lassen, oder bis die Muscheln sich öffnen. Alle geschlossenen Muscheln wegwerfen. Den Spinat und den Bärlauch unterrühren und alles 2 Minuten weitergaren. Den Muscheltopf mit Salz und Pfeffer würzen und dann servieren.

❤ Saisonal variieren

Im Herbst statt der Zwiebel Lauch verwenden und diesen noch etwa 8 Minuten länger garen. Für eine erdigere Note die Hälfte der Kartoffeln eventuell durch Pastinake oder Knollensellerie austauschen. Statt Bärlauch oder Knoblauch-Schnittlauch kann Thymian für Geschmack sorgen.

HARISSA-HÄHNCHEN MIT BLUMENKOHL & DATTELN

Winter / Frühling

Hier vereinen sich alle Aromen zu einem exotischen Abendessen – süß, klebrig und pikant-scharf. Sie sollten für dieses Gericht einen großen Bräter bereitstellen. Es ist himmlisch mit Fermentiertem Knoblauch (S. 228) oder kann mit einem Klecks Joghurt oder zu jeder Art von Getreide serviert werden. Auch fein zum Hähnchen sind Kartoffeln.

Für 4 Personen / Vorbereitungszeit 15 Minuten / Garzeit 45 Minuten
Utensilien: Bräter (25–30 cm)

Zutaten:

- 2½ EL Rosen-Harissa (gekauft oder selbst gemacht, S. 212)
- 1 TL gemahlene Kurkuma
- 1 TL gemahlener Ingwer
- ½ TL gemahlener Zimt
- 2 TL gemahlener Kreuzkümmel
- 4 Knoblauchzehen, gerieben

- 1 EL Honig
- 2 EL Olivenöl
- Salz und schwarzer Pfeffer
- 2 Zwiebeln, klein geschnitten
- ½ großer Blumenkohl (ca. 350 g), in Röschen geteilt
- 12 Medjool-Datteln, entsteint
- 300 ml Gemüsebrühe (oder Hühnerbrühe, S. 206)

- 3 Eingelegte Zitronen, plus 1½ EL Lake (S. 222) aus dem Glas
- 8 Hähnchenschenkel, mit Haut und Knochen, überschüssige Haut entfernt
- 1 Bund Koriandergrün, klein gehackt (Stängel für die Brühe)

Zubereitung:

Den Backofen auf 200 °C vorheizen. Harissa, Gewürze, Knoblauch, Honig und Olivenöl in einer großen Schüssel mischen und mit Salz und Pfeffer würzen. Zwiebeln, Blumenkohl und Datteln in den Bräter geben und mit einem Drittel der Harissa-Mischung bedecken. Brühe zugießen und alles bei mittlerer Hitze zum Simmern bringen.

Das Fruchtfleisch der eingelegten Zitronen entfernen und die Schale beiseitelegen, das Fruchtfleisch klein hacken und mit der Lake zur restlichen Harissa-Mischung geben. Die Hähnchenschenkel mit dieser restlichen Mischung rundum einreiben, mit der Haut nach oben auf das köchelnde Gemüse legen und dann im vorgeheizten Backofen 45 Minuten garen.

Die beiseitegelegte Zitronenschale zerkleinern und mit dem Koriandergrün auf den Hähnchenschenkeln verteilen.

☻ Saisonal variieren

Den Blumenkohl durch klein geschnittene Kartoffeln mit Schale ersetzen.

♥ Vegan genießen

Statt des Hähnchens Süßkartoffeln nehmen und den Honig durch Ahornsirup ersetzen. Und zum Schluss noch mehr Ahornsirup und Kokosjoghurt zum Beträufeln verwenden.

 Reste

Als Salat mit neuen Kartoffeln kalt anrichten. Für ein frisches Dressing ein Pistazien-Kräuter-Relish anrühren. Dazu 50 g gehackte Pistazienkerne mit 1 EL gehacktem Koriandergrün, ½ geriebenen Knoblauchzehe, 1 Spritzer Limettensaft und 2 EL Olivenöl verrühren.

TAMARINDEN-SARDINEN

Sommer

Sardinen mit blauem MSC-Etikett stammen aus zertifiziertem nachhaltigem Fang. Unter www.msc.org finden Sie weitere Informationen zu anderen Fischen. Mit ihrem ausgeprägten Geschmack sind Sardinen gut mit asiatischen Aromen wie Tamarinde zu kombinieren. Ein tolles Grillgericht, aber ebenso gut als normales Wochengericht mit fettem Fisch.

Für 4 Personen / Vorbereitungszeit 25 Minuten / Grillzeit 5 Minuten

Zutaten:

1 Knoblauchzehe, gerieben

1 Stück Ingwer (2 cm), geschält und fein gerieben

¾ TL gemahlene Kurkuma

1½ TL gemahlener Kreuzkümmel

2½ EL Tamarindenpaste

4 EL Limettensaft, plus Limettenspalten zum Servieren

1 EL brauner Zucker

2 EL Olivenöl

Salz und schwarzer Pfeffer

20 Sardinen, gesäubert, Köpfe und Schwänze entfernt (für eine Fischbrühe verwenden)

8 Frühlingszwiebeln, halbiert

SALAT

200 g gegarte Quinoa

2 Bio-Mangos, klein geschnitten

Saft von 2 Limetten

1 rote Chilischote, in feine Ringe geschnitten

10 Stängel Koriandergrün

Salz

❤ Saisonal variieren

Wenn gerade nicht die Zeit für Mangos ist, dann für einen Wintersalat Karotten, Sellerie und Apfel fein raspeln. Statt Frühlingszwiebeln Lauch verwenden. Diesen halbieren und dann längs vierteln.

➡ Einfach austauschen

Auch ein anderer fetter Fisch wie Makrele passt hier gut. Beim Kauf auf nachhaltigen Fang achten.

Zubereitung:

Ein großes Backblech mit wiederverwendbarem Backpapier auslegen. Für die Marinade Knoblauch, Ingwer, Kurkuma, Kreuzkümmel, Tamarinde, Limettensaft, Zucker und Olivenöl in einer Schüssel verquirlen. Mit Salz und Pfeffer würzen.

Mit einem scharfen Messer das Sardinenfleisch auf beiden Seiten in 2 cm Abstand diagonal einschneiden. Die Frühlingszwiebeln als Schicht auf dem Backblech verteilen, die Sardinen darauflegen und im Kühlschrank 15 Minuten kühl stellen.

Inzwischen den Grill des Backofens auf höchster Stufe aufheizen und für den Salat alle Zutaten in einer Schüssel mischen, mit Salz würzen. Die Sardinen 3–5 Minuten von jeder Seite goldbraun grillen. Das gegrillte Fleisch sollte nicht mehr glasig sein. Die Tamarinden-Sardinen mit dem Salat servieren.

ROTE RÖSTPAPRIKASUPPE

Sommer

Dies ist eine köstliche vielseitige und schlichte Suppe. Klein schneiden, rösten und dann pürieren, was wäre einfacher? Servieren Sie dazu Brot oder Reste von anderen Mahlzeiten.

Ergibt 1,25 l / Vorbereitungszeit 10 Minuten / Garzeit 25 Minuten
Utensilien: Mixer

Zutaten:

3 rote Paprikaschoten, entkernt und in Stücke geschnitten

2 rote Zwiebeln, in ähnlich große Stücke geschnitten

4 Knoblauchzehen

3 EL natives Olivenöl extra

Salz und schwarzer Pfeffer

1 EL Thymianblätter

500 ml Gemüsebrühe (oder Hühnerbrühe, S. 206)

500 ml passierte Tomaten

Zubereitung:

Den Backofen auf 200 °C vorheizen. Paprika, Zwiebeln und ganze Knoblauchzehen auf zwei Backbleche verteilen, mit Olivenöl beträufeln und mit Salz und Pfeffer würzen. Das Gemüse im vorgeheizten Backofen 25 Minuten rösten.

Paprikamischung abkühlen lassen und dann den Knoblauch aus der Haut drücken. Alles mit Thymian, Brühe und den passierten Tomaten im Mixer zu einer glatten, samtigen Suppe pürieren.

⬒ Aufbewahren

Die Suppe ist im Kühlschrank bis zu 5 Tage haltbar.

❈ Einfrieren

Portionsweise eingefroren ist sie bis zu 3 Monate haltbar.

⌣ Reste

Diese Suppe schmeckt pur ganz wunderbar, kann aber mit gebratener Chorizo und einem pochierten Ei aufgepeppt werden. Mit Tortillas kommt sie ganz mexikanisch daher. Sie ist eine gute Basis für eine Tomatensauce. Mit Ricotta wird sie noch cremiger.

POCHIERTES GEWÜRZHÄHNCHEN

Sommer / Herbst / Winter

Durch das Pochieren wird das Hähnchen wunderbar saftig und aromatisch. Die Reste können für eine Vielzahl von Gerichten verwendet werden. Servieren Sie das Hähnchen auf Reis oder Nudeln, mit einer Brühe übergossen und mit Kräutern bestreut. Braten Sie Brokkoli in Tamari als kleines Extra.

Für 2 Personen / Vorbereitungszeit 10 Minuten / Garzeit 1 Stunde 40 Minuten

Zutaten:

1 Bio-Hähnchen (à 1,7 kg)

6 Knoblauchzehen, geschält

4 Karotten, grob gehackt

2 Zwiebeln, geviertelt

2 Stangen Staudensellerie, klein geschnitten

1 Stück Ingwer (3 cm), geschält und grob gehackt

1 Stück Galgantwurzel (3 cm), geschält und grob gehackt (nach Belieben)

10 Sternanis

10 Gewürznelken

1 EL Szechuan-Pfefferkörner

1 EL schwarze Pfefferkörner

2 große rote oder grüne Chilischoten, längs halbiert

2 EL Reisweinessig

Salz

 *Reste*

Dieses Gericht für die Thai-Salatröllchen (S. 104) verwenden und statt der Pute Hähnchen nehmen. Oder das Hähnchen zu Pfannengerührtem, Eintopf, Curry oder Suppe geben. Oder als Füllung für ein Sandwich mit Bohnensprossen und eingelegter Gurke verwenden. Gut auch in einem Wrap mit Lieblings-Pickles (S. 234 und S. 236).

Zubereitung:

Alle Zutaten und alle Gewürze in einen großen hohen Topf geben (auch Reste mit hineingeben), mit Wasser bedecken und bei mittlerer Hitze aufkochen. Die Hitze stark reduzieren, die nach oben steigenden Verunreinigungen zwischendurch abschöpfen und alles 1 Stunde simmern lassen, oder bis die Fleischsäfte, die aus dem Hähnchen austreten, wenn man hineinsticht, klar sind. Das Hähnchen aus dem Topf nehmen und abkühlen lassen.

Das Fleisch vom abgekühlten Hähnchen lösen und die Knochen zurück in den Topf geben. Die Pochierflüssigkeit 40 Minuten simmern lassen, dann abseihen und die Brühe bis zu einer Woche im Kühlschrank aufbewahren oder in Eisformenschalen füllen und einfrieren. Das Hähnchen servieren.

DINKELTARTE MIT TOMATEN & RICOTTA

Sommer

Diese Spätsommertarte steckt randvoll mit köstlichen süßen Tomaten, cremigem Ricotta und knusprigen Pinienkernen. Die Füllung wird nicht gegart. Sie können den Boden im Voraus zubereiten, einfrieren und bei Bedarf fertig zubereiten.

Für 8 Personen / Vorbereitungszeit 35 Minuten /
Backzeit 25 Minuten
Utensilien: Küchenmaschine & Tarteform mit herausnehmbarem Boden (Ø 23 cm)

Zutaten:

180 g Dinkelmehl, gesiebt, plus mehr zum Bestäuben

115 g gekühlte Butter, in Stücken

Salz

½ TL Apfelessig

Hülsenfrüchte, zum Blindbacken

1 Bio-Ei, verquirlt

250 g Ricotta

100 g Pecorino, gerieben

2 EL Crème double

1 EL Olivenöl

1 EL Honig

3 EL gehacktes Basilikum

abgeriebene Schale von ½ Bio-Zitrone

schwarzer Pfeffer

650 g reife Tomaten

30 g Pinienkerne, geröstet

Zubereitung:

Den Backofen auf 180 °C vorheizen. Mehl, Butter und 1 Prise Salz in der Küchenmaschine krümelig mischen. Den Essig und 1 EL kaltes Wasser hinzufügen und alles zu einem Teig verarbeiten. Diesen auf einer leicht mit Mehl bestäubten Arbeitsfläche zu einem glatten Teig verkneten. Den Teig zu einem großen Kreis ausrollen und diesen in die Tarteform legen. Die Ränder zuschneiden und den Boden mit einer Gabel einstechen. Den Boden mit wiederverwendbarem Backpapier belegen, mit Hülsenfrüchten zum Blindbacken auffüllen und im Backofen 25 Minuten blindbacken, oder bis der Boden goldgelb ist. Die Hülsenfrüchte und das Papier entfernen, den Boden mit dem verquirlten Ei einpinseln und in weiteren 5–10 Minuten goldbraun backen. Abkühlen lassen.

Ricotta und Pecorino verrühren. Crème double, Olivenöl, Honig, 2 EL Basilikum und Zitronenabrieb hinzufügen, mit Salz und Pfeffer würzen und alles cremig verrühren. Große Tomaten klein schneiden, kleinere halbieren. Die Ricottacreme auf dem Teigboden verteilen, mit den Tomaten belegen, mit Salz und Pfeffer würzen und mit Pinienkernen und restlichem Basilikum (1 EL) garnieren.

🌱 Saisonal variieren

Geschmorte Karotten mit Kümmelsamen und wenig Balsamico-Essig eignen sich ebenfalls als Topping. Dazu die Karotten 30 Minuten schmoren, abkühlen lassen und auf der Füllung verteilen.

➡️ Einfach austauschen

Keine Tomaten? Dann einfach Zucchini oder Paprika rösten und mit Pesto beträufeln. Statt Pecorino Parmesan verwenden und Basilikum nach Belieben durch Thymian oder Majoran ersetzen.

🫙 Gläsertausch

Fermentierte Tomaten passen hier ebenfalls gut als Belag (S. 232).

×2 Verdoppeln

Der Teig kann bis zu 1 Monat tiefgekühlt werden. Ideal auch für andere Tartes oder für eine Vorspeise kleinere Tartes vorbereiten.

RATATOUILLE-PIE

Sommer

Ratatouille mit knuspriger Kartoffelkruste bringt Urlaubsfeeling auf den Teller. Servieren Sie dazu einen knackigen grünen Salat. Die Reste schmecken am nächsten Tag sogar noch besser.

Für 4–6 Personen / Vorbereitungszeit 10 Minuten / Garzeit 1 Stunde

Utensilien: große rechteckige Auflaufform

Zutaten:

4 EL Olivenöl, plus mehr zum Beträufeln

4 Kartoffeln, in dünne Scheiben geschnitten

1 Aubergine, gewürfelt

1 große Zwiebel, grob gehackt

5 Knoblauchzehen, fein gehackt

1 Prise Chiliflocken (nach Belieben)

1 Zucchini, grob gehackt

400 g kleine Datteltomaten, halbiert

60 ml Weißwein (oder Hühner-

oder Gemüsebrühe, S. 206)

6 Basilikumblätter

Salz und schwarzer Pfeffer

Zubereitung:

Den Backofen auf 220 °C vorheizen. Die Auflaufform mit etwas Olivenöl beträufeln und mit der Hälfte der Kartoffeln auslegen.

Aubergine, Zwiebel, Knoblauch, Chiliflocken, Zucchini, Tomaten, Wein, Basilikum, Salz und Pfeffer in einer großen Schüssel mischen. Das Gemüse in die Auflaufform füllen, mit den restlichen Kartoffeln belegen, mit Olivenöl beträufeln und mit Salz und Pfeffer würzen,

Den Auflauf im Backofen 1 Stunde schmoren, oder bis die Kartoffeln an den Rändern gebräunt und weich sind, dann einige Minuten abkühlen lassen und servieren.

 Reste

Mehr auf Vorrat zubereiten? Dann 400 g Bohnen aus der Dose wie Butterbohnen, Kidneybohnen oder aber Kichererbsen hinzufügen. Gewürze und Gewürzmittel bringen zusätzlich Schärfe ins Spiel. Zu den Resten können Sie einfach etwas Hühnerbrühe hinzufügen und alles zu einer schmackhaften Suppe pürieren. Köstlich auch in einem Wrap mit Ricotta und extraviel Basilikum.

FISCH AUS DEM OFEN MIT LINSEN & TOMATEN

Sommer

Seehecht und Scholle sind ausgezeichnete nachhaltige Fische. Bereiten Sie dieses Gericht auch einmal im Frühling zu. Beachten Sie die jahreszeitlichen Variationen.

Für 6 Personen / Vorbereitungszeit 5 Minuten / Garzeit 35 Minuten
Utensilien: Auflaufform (Ø 23 cm)

Zutaten:

120 g schwarze Linsen
(oder Puy-Linsen)

450 g Kirschtomaten,
halbiert

12 schwarze Oliven (oder
Kalamata-Oliven)

3 Frühlingszwiebeln,
in Ringe geschnitten

2 Zitronen, 1 in feine
Scheiben geschnitten

350 ml Gemüsebrühe
(S. 206 oder Wasser)

6 weiße Fischfilets aus
nachhaltigem Fang
(à 150–170 g, z. B. See-
hecht oder Scholle),
ohne Haut

Salz und schwarzer
Pfeffer

3 EL natives Olivenöl
extra

2 EL Kapern

1 EL Apfelessig

Zubereitung:

Den Backofen auf 200 °C vorheizen. Linsen, Tomaten, Oliven, Frühlingszwiebeln und Zitronenscheiben in der Auflaufform verteilen und mit der Brühe übergießen. Die Linsen sollten vollständig bedeckt sein. Alles etwa 30 Minuten im Backofen garen, oder bis die Linsen bissfest sind, dann aus dem Backofen nehmen, doch den Backofen nicht ausstellen.

Den Fisch mit Küchenpapier trocken tupfen und mit Salz und Pfeffer würzen. Fisch in die Auflaufform zwischen die Linsen legen und im Backofen 12 Minuten garen, bis der Fisch nicht mehr glasig ist.

Für das Dressing Olivenöl, Kapern und Essig verquirlen. Das Backofengericht damit beträufeln.

 **Saisonal variieren**

Nehmen Sie im Frühling Spargel, Erbsen und geviertelte Römersalatherzen anstelle der Tomaten und der Frühlingszwiebeln.

Reste

Für einen schönen Sommersalat den Fisch zerteilen, Rucola hinzufügen, mit der Romesco-Sauce (S. 142) beträufeln und kalt servieren.

KANINCHEN-GRAUPEN-EINTOPF MIT APFEL

Herbst / Winter

Kaninchenfleisch ist höchst nachhaltig, vor allem wenn es aus der Region stammt. Probieren Sie einmal diesen langsam bei niedrigen Temperaturen gegarten Eintopf, der mit grobkörnigem Senf gewürzt ist. Bitten Sie Ihren Wildhändler, das Kaninchen vorab zu portionieren.

Für 2 Personen / Vorbereitungszeit 20 Minuten /
Garzeit 1 Stunde 30 Minuten
Utensilien: großer Bräter

Zutaten:

- 1 Kaninchen (aus der Zucht oder wild), portioniert
- 1 EL Mehl
- 30 g Butter
- 2 EL Olivenöl
- 1 große Zwiebel, klein geschnitten
- 1 EL grobkörniger Senf
- 1 Karotte, halbiert und klein geschnitten
- 1 Apfel, geschält und entkernt
- 1 Lorbeerblatt
- Salz und schwarzer Pfeffer
- 450 ml Hühner- oder Gemüsebrühe (S. 206)
- 80 g Graupen
- Zitronenabrieb und fein gehackte Petersilie, zum Garnieren

 Einfrieren

Tiefgekühlt bis zu 3 Monate haltbar.

Reste

Zum Verfeinern 120 g gegarte Linsen hinzufügen. Das Kaninchenfleisch vom Knochen lösen. Für ein Kräuter-Relish 1 Bund frische Kräuter, 50 g Walnusskerne, 1 TL Apfelessig, Salz und 4 EL Olivenöl im Mixer zu einer Paste verarbeiten und einen Klecks davon auf das wieder aufgewärmte Kaninchen geben.

Zubereitung:

Den Backofen auf 200 °C vorheizen. Das Kaninchen im Mehl wenden. Den Bräter erhitzen, die Butter zusammen mit einigen Spritzern Olivenöl bei mittlerer Hitze erwärmen und das Fleisch portionsweise darin anbraten. Fleisch auf einen Teller legen. Noch etwas Olivenöl in den Bräter geben und die Zwiebel darin 5–7 Minuten glasig andünsten. Den Senf einrühren, dann Karotte, Apfel und Lorbeerblatt hinzufügen und einige Minuten anbraten. Das Kaninchen zurück in den Bräter legen und mit Salz und Pfeffer würzen.

Fleisch und Gemüse mit der Brühe übergießen und aufkochen, den Deckel auflegen und das Kaninchen 5 Minuten simmern lassen. Eintopf in den vorgeheizten Backofen stellen und 30 Minuten schmoren. Graupen und Wasser, falls das Ganze zu trocken aussieht, hinzufügen, umrühren und den Bräter weitere 30 Minuten in den Backofen stellen. Das Kaninchen sollte ausreichend gegart und die Graupen sollten weich sein. Eintopf in Suppentellern anrichten und mit Zitronenabrieb und gehackter Petersilie garnieren.

MASALA-KARTOFFEL-CURRY MIT EI

Ganzjährig

Für dieses Abendessen in der Woche können Sie viele Grundnahrungsmittel aus dem Vorrat verwenden. Servieren Sie zum Curry Reis oder Fladenbrote (S. 106).

Für 2 Personen / Vorbereitungszeit 10 Minuten / Garzeit 30 Minuten
Utensilien: großer Bräter

Zutaten:

400 g Kartoffeln, geschält

2 EL Olivenöl (oder Ghee oder Kokosmilch)

2 Zwiebeln, klein gehackt

2 grüne Chilischoten, fein gehackt

2 TL gemahlene Kurkuma

2 TL Garam masala (ind. Gewürzmischung)

2 TL gemahlener Kreuzkümmel

2 TL Fenchelsamen

2 TL schwarze Senfsamen

2 Knoblauchzehen, gerieben

Salz

1 Dose Tomaten (400 g)

150 ml Kokosmilch

3 Bio-Eier

Saft von 1 Zitrone

Koriandergrün, zum Garnieren

schwarzer Pfeffer

 **Reste**

Mit einer Gabel zerstampfen und als Füllung für einen Wrap oder ein Fladenbrot verwenden. Die Karotten-Apfel-Pickles mit Galgant (S. 234) oder die Fermentierten Kirschtomaten (S. 232) hinzugeben. Einfach köstlich!

Zubereitung:

Die Kartoffeln in 2,5 cm große Würfel schneiden. Im Bräter 1 EL Olivenöl erhitzen und die Zwiebeln darin weich und goldgelb anbraten. Chilis und Gewürze hinzufügen und 2 Minuten mitschmoren. Den Knoblauch und ½ TL Salz hinzugeben und 1 Minute mitschmoren. Tomaten, Kokosmilch und 400 ml Wasser hinzufügen. Alles zum Simmern bringen und die Kartoffeln in den Bräter geben. Vorsichtig die Eier hineinlegen, einen Deckel auflegen und alles 8 Minuten köcheln lassen. Jedes Ei einzeln herausheben und in eine Schüssel mit kaltem Wasser legen. Pellen und halbieren.

Das Curry ohne Deckel 10–15 Minuten weitersimmern lassen, bis die Kartoffeln weich sind und die Sauce dicksämig eingekocht ist.

Zum Schluss 1 Spritzer Zitronensaft hinzugeben und das Curry mit Salz und Pfeffer würzen. Die halbierten Eier hineinlegen und den Topf vom Herd nehmen. Den Deckel wieder auflegen und das Curry 1 Minute stehen lassen, bis die Eier erwärmt sind, dann in Bowls anrichten und mit Koriandergrün garnieren.

Süßes

Mit Früchten der jeweiligen Jahreszeit zaubern Sie einfache und schmackhafte Desserts. Die Rezepte in diesem Kapitel setzen ganz auf den natürlichen Geschmack der Früchte, die wirklich sensationell sind, wenn sie gerade Saison haben.

Im Tiefkühlgerät können Sie frische Früchte aufbewahren oder Sie bereiten Früchtekompotts zu und verwandeln einen Smoothie in einen Lolli. Überall im Kapitel finden Sie Vorschläge für jahreszeitliche Variationen. Sie können also das ganze Jahr erntefrische oder tiefgekühlte Früchte verwenden. Kaufen Sie dann, wenn reichlich Früchte angeboten werden, und bereiten Sie ganzjährig himmlische Desserts zu.

GEGRILLTE PFIRSICHE MIT JOGHURT & BEERENKOMPOTT

Sommer / Herbst

Das ist ein superschneller Nachtisch, der je nach Jahreszeit flexibel abgeändert werden kann. Wenn es keine weichen Beeren mehr gibt, dann nehmen Sie einfach Schokoladensauce und gegrillte Bananen mit Nüssen.

Für 4 Personen / Vorbereitungszeit 15 Minuten / Grillzeit 25 Minuten
Utensilien: Grillpfanne

Zutaten:

2 EL Zitronensaft

2 EL Erdbeer-
konfitüre (oder
Himbeerkonfitüre)

100 g Himbeeren

100 g Brombeeren

4 Pfirsiche, halbiert und
entsteint

2 EL Olivenöl

220 g Crème double

220 g griechischer
Joghurt

1 EL Pistazienkerne,
gehackt

2 EL Ahornsirup

Zubereitung:

Zitronensaft und Konfitüre verrühren. Himbeeren und Brombeeren untermischen, sodass sie vollständig überzogen sind. Ruhen lassen.

Die Seiten der Pfirsiche mit dem Olivenöl einpinseln. Die Grillpfanne erhitzen und die Pfirsiche darin 3 Minuten auf der Schnittfläche grillen.

Crème double und griechischen Joghurt verquirlen, bis sich weiche Spitzen bilden. Die Beeren und die Joghurtcreme in die Mitte eines Tellers löffeln oder in ein Dessertglas schichten. Die Pfirsiche darauf anrichten und mit den gehackten Pistazien bestreuen. Das Dessert mit Ahornsirup beträufeln.

❤ *Saisonal variieren*

Im Winter sind Birnen und Äpfel eine gute Wahl. Diese in 1 cm dicke Spalten schneiden und im vorgeheizten Backofen bei 180 °C rund 15 Minuten backen. Dann vier Medjool-Datteln zusammen mit 1 EL Mandelkernen und 1 EL Mandelbutter im Mixer zerkleinern und unter die Joghurtcreme schlagen. Als Parfait einfrieren und zu den gegrillten Früchten servieren.

 *Einfach austauschen*

Die Konfitüre durch Kokos-Zitrus-Creme (S. 216) ersetzen. So wird das Parfait erfrischend zitronig.

CHAI-REISPUDDING MIT KAKAO

Ganzjährig

Dieser wunderbar duftende Pudding bekommt sein würziges Aroma
durch die Chai-Gewürze wie Zimt, Kardamom, Gewürznelke und Ingwer.
Wenn Sie den Geschmack eines feinen Earl-Grey-Puddings bevorzugen,
dann nehmen Sie stattdessen ein wenig Orangenabrieb.

Für 4 Personen / Vorbereitungszeit 10 Minuten /
Garzeit 1 Stunde 30 Minuten

Utensilien: Auflaufform mit 1 l Fassungsvermögen

Zutaten:

2 Chai-Teebeutel

600 ml Milch (oder
  Haferdrink, S. 18)

100 g Rundkornreis
  (z. B. Milchreis oder
  Arborio-Risottoreis)

3 EL Ahornsirup (oder
  45 g brauner Zucker)

½ TL Vanillepaste

3 EL Kakaopulver

1 Zimtstange

50 g Haselnusskerne,
  geröstet und gehackt
  (nach Belieben)

 **Einfach austauschen**

Die gehackten Haselnüsse nach
Belieben durch ein anderes Topping
(z. B. gehackte Trockenaprikosen
oder Pistazienkerne) ersetzen.

Aufbewahren

Hält sich im Kühlschrank bis zu
2 Tage.

Zubereitung:

Den Backofen auf 150 °C vorheizen. Die Teebeutel in einem Topf
mit 150 ml kochendem Wasser übergießen und 5 Minuten ziehen
lassen. Die Teebeutel herausnehmen und wegwerfen. Milch, Reis,
Ahornsirup, Vanillepaste, Kakao und Zimtstange einrühren und zum
Simmern bringen.

Die Zimtstange entfernen und die Mischung in eine ofenfeste Form
füllen. Im vorgeheizten Backofen 1 Stunde 30 Minuten garen, bis
der Reis weich ist und eine schöne Schokokruste hat. Den Pudding
vor dem Servieren noch 5 Minuten stehen lassen und dann nach
Belieben mit gehackten Nüssen bestreut in Schälchen servieren.

NEKTARINEN-CLAFOUTIS

Sommer

Dieses fantastische Gericht können Sie je nach Jahreszeit mit unterschiedlichen Früchten zubereiten. Noch schneller geht es, wenn Sie den Teig in der Küchenmaschine rühren.

Für 4 Personen / Vorbereitungszeit 10–15 Minuten /
Garzeit 45 Minuten
Utensilien: Backform mit 1,25 l Fassungsvermögen und
6 cm hohem Rand

Zutaten:

1 EL Butter, für die Form

4 kleine Nektarinen (oder 3 große), entsteint und in dünne Spalten geschnitten

3 EL Mehl

50 g gemahlene Mandeln

125 g brauner Zucker

2 Bio-Eier (Größe L), plus 2 Eigelb

250 g Crème double

½ TL Vanillepaste

1 Handvoll Himbeeren

Zubereitung:

Den Backofen auf 180 °C vorheizen. Die Backform mit Butter einpinseln und den Boden mit der Hälfte der Nektarinenspalten auslegen.

Mehl, gemahlene Mandeln, Zucker, Eier, Crème double und Vanillepaste zu einem glatten Teig verarbeiten. Diesen über die Nektarinen geben und die restlichen Nektarinen darauf verteilen. Clafoutis mit den Himbeeren bestreuen und im vorgeheizten Backofen 45 Minuten backen. Dann sollte die Oberseite in der Mitte noch nicht ganz fest sein. Vor dem Servieren 20 Minuten ruhen lassen.

⚫ Gläsertausch

Für noch mehr Aroma die frischen Nektarinen durch ein Glas Eingelegte Nektarinen (S. 246) ergänzen. Einige klein gehackte Medjool-Datteln sorgen für extra Süße.

➡ Einfach austauschen

Mit anderen Früchten und Zitrusabrieb den Geschmack variieren. Gehackte Medjool-Datteln und Trockenfrüchte aus dem Vorrat sind ideal, um den Fruchtauflauf aufzupeppen.

TAHIN-RICOTTA-KUCHEN

Ganzjährig

Dieser Käsekuchen ist in 20 Minuten zubereitet, den Rest übernimmt Ihr Kühlschrank. Verdoppeln Sie die Menge des Teigbodens für ein luxuriöses Granola oder verwenden Sie die Mischung für andere Desserts, etwa als Topping für gegrillte Bananen oder pochierte Birnen.

Für 12 Personen / Vorbereitungszeit 20 Minuten /
Ruhezeit 3 Stunden 15 Minuten
Utensilien: Springform (Ø 20 cm) & Mixer & Küchenmaschine

Zutaten:

TEIGBODEN

150 g gemischte Walnuss- und Cashewkerne

100 g Sonnen- blumen- und Kürbiskerne

100 g Butter, zer- lassen (oder Kokosöl)

100 g Medjool- Datteln, entsteint, fein gehackt

100 g dunkle Scho- kolade (mind. 70 % Kakaoanteil), in kleine Splitter gehackt, davon 20 g gerieben

FÜLLUNG

500 g Ricotta

500 g Mascarpone

4 EL Tahin (Sesammus)

2 EL Ahornsirup (oder Honig)

 *Gläsertausch*

Für einen fruchtigen Geschmack 4 EL Kokos-Zitrus-Creme (S. 216) oder Konfitüre (S. 214) statt Tahin unter den Ricotta rühren. Den Kuchen mit frischen Früchten der Jahreszeit garnieren.

Zubereitung:

Die Springform mit wiederverwendbarem Backpapier auslegen. Für den Teigboden Nüsse und Kerne in einer Pfanne goldbraun rösten und dann im Mixer fein vermahlen. Für das Topping 2 EL beiseitestellen. Die restliche Nussmischung mit Butter, Datteln und Schokoladensplittern zu einem krümeligen Teig verarbeiten. In die vorbereitete Form füllen und mit dem Löffelrücken die Oberseite glatt streichen. Zum Festwerden den Boden 15 Minuten einfrieren.

Für die Füllung alle Zutaten in der Küchenmaschine (es macht nichts, wenn noch Reste vom Teigboden in der Rührschüssel sind) 10 Minuten vermischen. Auf dem Teigboden verteilen und die Ober- seite glatt streichen. Kuchen mit einem Teller abdecken und 3 Stun- den im Kühlschrank fest werden lassen. Zum Servieren mit den restlichen Teigkrümeln und der geriebenen Schokolade bestreuen.

SCHNELLES »TIEFKÜHL«-GEBÄCK

Ganzjährig

Bewahren Sie den Teig als Rolle im Tiefkühlgerät auf und schneiden Sie eine Scheibe ab, wenn Sie Teig brauchen. Sie können den Teig geschmacklich beliebig variieren. Das Gebäck ist ideal als süßer Snack oder zerkrümelt über Eis, wenn es beim Dessert mal schnell gehen soll.

Ergibt 30 Stück / Vorbereitungszeit 15 Minuten /
Backzeit 15 Minuten
Utensilien: Mixer

Zutaten:

200 g weiche Butter	1 TL Backpulver
60 g Medjool-Datteln, gehackt	1 TL Natron
	140 g Haferflocken
125 g brauner Zucker	40 g Nusskerne (z. B.
2 Bio-Eier	Pekannüsse, Haselnuss
1 TL Vanillepaste	oder Mandelkerne), gehackt
Salz	
200 g Dinkelmehl	

Zubereitung:

Butter, Datteln und Zucker in der Rührschüssel mit dem Handrührgerät schaumig schlagen. Die Eier einzeln unterrühren, dann die Vanillepaste und das 1 Prise Salz hinzufügen. Mehl, Backpulver und Natron mischen und unterheben. Zum Schluss Haferflocken und Nüsse hinzufügen und alles zu einem Teig verarbeiten. Den Teig in die Mitte eines sauberen Küchentuchs häufeln und zu einer Rolle formen. Diese in das Küchentuch einwickeln, die Enden des Tuchs verdrehen und die Rolle ins Tiefkühlgerät legen.

Den Backofen auf 200 °C vorheizen. Den Keksteig aus dem Tiefkühlgerät nehmen und aus dem Küchentuch auspacken. Mit einem scharfen Messer eine 5 mm breite Scheibe abschneiden. Eventuell das Messer in heißes Wasser tauchen, dann geht es besser. So viele Scheiben wie benötigt abschneiden und diese auf einem Backblech 15 Minuten im Backofen goldbraun backen. Den restlichen Keksteig wieder in das Tuch wickeln und zurück ins Tiefkühlgerät legen. Die Kekse auf einem Kuchengitter abkühlen lassen.

 Einfrieren

Der rohe Keksteig hält sich in ein Küchentuch gewickelt bis zu 3 Monate im Tiefkühlgerät.

ZITRONEN-OLIVENÖL-KUCHEN

Ganzjährig

Dieser weiche, aromatische Kuchen schmeckt pur oder auch mit einem Klecks Joghurt. Er macht zwar optisch nicht viel her, überzeugt aber durch seinen Geschmack und hält sich gut einige Tage.

Für 4 Personen / Vorbereitungszeit 10 Minuten /
Backzeit 45 Minuten
Utensilien: Springform (Ø 22 cm)

Zutaten:

150 ml Olivenöl, plus
  mehr für die Form

250 g griechischer
  Joghurt (möglichst
  3,5 % Fett)

160 g Honig

½ TL gemahlener
  Kardamom

fein abgeriebene Schale
  von 1 Bio-Zitrone

3 Bio-Eier (Größe L)

185 g Dinkelmehl

1 TL Backpulver

1 TL Natron

1 Prise Salz

Zubereitung:

Den Backofen auf 160 °C vorheizen. Den Boden der Backform mit wiederverwendbarem Backpapier belegen und Boden und Ränder mit Olivenöl einpinseln.

Joghurt, Olivenöl, Honig, Kardamom und Zitronenabrieb cremig rühren. Die Eier einzeln unterquirlen und anschließend alle trockenen Zutaten mit einem Spatel unterheben. Der Teig sollte glatt sein, einige Klümpchen stören aber nicht.

Den Teig in die vorbereitete Form füllen und glatt verstreichen. Den Kuchen im Backofen 45 Minuten backen, bis die Oberseite leicht gebräunt ist. Bleibt an einem hineingesteckten Holzstäbchen kein Teig mehr haften, ist der Kuchen fertig. Den Kuchen aus der Form nehmen und auf einem Kuchengitter abkühlen lassen.

⊜ Aufbewahren

In einem luftdicht verschließbaren Behälter bis zu 5 Tage haltbar.

❋ Einfrieren

Der Kuchen kann in Stücke geschnitten eingefroren werden und sollte 1 Stunde vor dem Servieren herausgenommen werden. Perfekt zu einer Tasse Tee.

RHABARBER-INGWER-CRUMBLE

Winter/Frühling

Wenn Sie Ihren Pflanzendrink selber zubereiten, dann ist dies ein tolles Rezept, um die Pulpe zu verwenden. Schauen Sie auf S. 18 nach, wie Sie nachhaltige Pflanzendrinks herstellen können. Für diesen Crumble wird ein Haferdrink verwendet, doch auch ein Drink aus Nüssen oder Kernen passt gut. Dazu Joghurt servieren.

Für 4–6 Personen / Vorbereitungszeit 20 Minuten /
Backzeit 55 Minuten
Utensilien: Auflaufform (Ø 22 cm oder 20 × 20 cm)

Zutaten:

- 380 g Rhabarber, in 1 cm lange Stücke geschnitten
- 1 Stück Ingwer (1 cm), geschält und gerieben
- 1 TL Ahornsirup
- abgeriebene Schale und Saft von ½ Bio-Zitrone

- 2½ TL Speisestärke
- 85 g Haferflocken (zart oder kernig)
- 2 TL Backpulver
- 100 g Haferpulpe (Reste vom zubereiteten Haferdrink, S. 18)
- 60 g brauner Zucker

- 1 Prise gemahlener Zimt
- 240 g Mehl
- 30 g Kokosöl (oder Butter)
- ¼ TL Meersalz

❤ **Saisonal variieren**

Jedes Obst der jeweiligen Jahreszeit passt hier gut. Dieses jedoch bei mittlerer Hitze zusammen mit den Gewürzen kurz garen, damit es etwas weicher wird.

Zubereitung:

Rhabarber, Ingwer, Ahornsirup. Zitronenabrieb und -saft in einem Topf aufkochen. Umrühren, die Hitze reduzieren und alles 8–10 Minuten köcheln lassen. Die Speisestärke hinzufügen, und zwar nach und nach immer ½ TL, und weiterrühren, bis sie sich aufgelöst hat. Rhabarber weitere 2–3 Minuten köcheln lassen, bis die Masse eingedickt ist. Dann 10 Minuten abkühlen lassen.

Den Backofen auf 180 °C vorheizen. Haferflocken und restliche Zutaten, außer der Rhabarbermasse, in einer großen Schüssel mischen. Sollte die Masse zu dünnflüssig sein, noch einige Haferflocken unterrühren.

Die Hälfte der Haferflockenmischung auf dem Boden der Form glatt verstreichen. Im Backofen 10 Minuten backen, bis sich eine hellbraune Kruste gebildet hat. Etwa 10 Minuten abkühlen lassen.

Die Rhabarbermasse auf dem Boden verteilen und mit der restlichen Haferflockenmischung bestreuen. Crumble im Backofen 20–25 Minuten backen, bis die Oberseite leicht gebräunt ist.

WURZELGEMÜSE-KUCHEN

Herbst / Winter

Für den Kuchen können Sie jedes Wurzelgemüse verwenden, das Sie noch im Vorrat haben, ob nun Karotte, Rote Bete, Süßkartoffel oder sogar Steckrübe. Gebacken wird er in einer Kastenform, er kommt ohne Zucker aus und wird durch das leicht gesüßte Frischkäse-Topping besonders köstlich.

Ergibt 1 Kuchen, ca. 12 Scheiben / Vorbereitungszeit 10 Minuten /
Backzeit 1 Stunde
Utensilien: Kastenform mit 900 ml Fassungsvermögen

Zutaten:

115 g Butter, zerlassen, plus mehr für die Form	180 g geraspeltes Wurzelgemüse
250 g Dinkelmehl (oder Weizenmehl)	120 g griechischer Joghurt
2½ TL Backpulver	2 Bio-Eier, leicht verquirlt
1½ TL gemahlener Zimt	85 g Frischkäse
1 Prise Meersalz	85 g Ricotta
60 g Medjool-Datteln, klein gehackt	3 EL Ahornsirup
2 reife Bananen	

Zubereitung:

Den Backofen auf 180 °C vorheizen. Die Kastenform mit Butter einfetten und mit wiederverwendbarem Backpapier auslegen.

Mehl, Backpulver, Zimt und Meersalz in eine große Schüssel sieben. In einer zweiten Schüssel die Datteln in die zerlassene Butter rühren, bis sie zerfallen.

Bananen und geraspeltes Gemüse mit der Dattelmasse verrühren. Joghurt und Eier unterquirlen, dann die Mehlmischung hinzugeben und alles gerade eben verrühren. Den Teig in die vorbereitete Form füllen und im Backofen 50–60 Minuten backen, bis an einem hineingesteckten Holzstäbchen kein Teig mehr haften bleibt. In der Form abkühlen lassen.

Frischkäse und Ricotta (beides 10 Minuten vorher aus dem Kühlschrank nehmen) mit 2½ EL Ahornsirup glatt verrühren. Den abgekühlten Kuchen mit dem Frosting bestreichen und mit dem restlichen Ahornsirup beträufeln.

 *Einfrieren*

Dieser Kuchen lässt sich ohne Frischkäse-Frosting gut einfrieren. Schneiden Sie Ihn dazu in einzelne Scheiben und geben Sie ihn ins Tiefkühlgerät. Die Kuchenscheiben können zum Frühstück geröstet und mit einem Klecks Cashewcreme (S. 72) bestrichen werden.

ERDBEER-RICOTTA-EIS (OHNE RÜHREN)

Sommer

Dies ist ein süßes Vergnügen in der sommerlichen Erdbeerzeit. Egal, ob Sie Erdbeeren im Überfluss oder nur wenige Reste haben, probieren Sie dieses Rezept unbedingt aus. Sollte es nicht Sommer sein, dann rösten Sie saisonales Obst Ihrer Wahl, wie Äpfel. Diese sollten Sie schälen, entkernen und klein würfeln.

Ergibt 1 l / Vorbereitungszeit 20 Minuten / Garzeit 40 Minuten /
Tiefkühlzeit 4 Stunden
Utensilien: Kastenform mit 900 ml Fassungsvermögen

Zutaten:

225 g kleine bis mittel-
    große Erdbeeren,
    halbiert

2 EL Ahornsirup

1 EL Olivenöl

Salz

2–3 Spritzer Aceto
    balsamico

400 g Sahne

100 g Zucker

500 g Ricotta

Zubereitung:

Den Backofen auf 180 °C vorheizen. Ein Backblech mit wiederverwendbarem Backpapier belegen.

Die Erdbeeren in eine Schüssel füllen. In einer zweiten Schüssel Ahornsirup, Olivenöl und 1 kleine Prise Salz verrühren und über die Erdbeeren gießen. Diese nebeneinander auf dem Backblech verteilen und im vorgeheizten Backofen 40 Minuten garen. In eine Schüssel geben und mit Balsamico-Essig beträufeln. Abkühlen lassen.

Sahne und Zucker in einer Schüssel steif schlagen. Den Ricotta in einer zweiten Schüssel verrühren und unter die Schlagsahne heben. Die abgekühlten Erdbeeren unter die Ricotta-Sahne heben, dabei einige zum Garnieren beiseitelegen. Die Masse in die vorbereitete Form füllen. Mit einem Stück Backpapier die Form abdecken. Die Masse mindestens 4 Stunden ins Tiefkühlgerät stellen. Mit Erdbeeren garnieren und servieren.

🔘 Gläsertausch

Statt Zucker und Erdbeeren ein Glas Beerenkonfitüre (S. 214) verwenden und die Konfitüre vor dem Einfrieren unterrühren. Eventuell noch mit 2 EL Ahornsirup süßen.

×2 Verdoppeln

Die Erdbeermenge verdoppeln, denn sie hält sich bis zu 1 Woche im Kühlschrank. Lecker über Joghurt oder auf Toast. Himmlisch zu Weichkäse als kleiner Imbiss für zwischendurch.

LASSI-LOLLIS

Frühling / Sommer

Lassi ist ein indischer gewürzter Joghurtdrink, der gut als Lolli zubereitet werden kann. Das Rezept ist so geschrieben, dass Sie alles verwenden können, was Sie gerade im Kühlschrank oder Vorratsschrank haben. Experimentieren Sie einfach. Wenn Sie keine Lolli-Formen haben, dann investieren Sie in Formen aus Edelstahl, denn die halten ewig.

Ergibt 8 Lollis / Vorbereitungszeit 10 Minuten /
Tiefkühlzeit 4 Stunden
Utensilien: Mixer & kleine Eis-am-Stiel-Formen

Zutaten:

MILCHBASIS: 200 ml
   Joghurt, griechischer Joghurt, Kokosmilch
   oder Haferdrink

FRUCHT: 80 g
   Birnen, Bananen, Beeren, reife Kirschen
   oder Aprikosen, Pfirsiche oder Nektarinen,
   Pflaumen oder Weintrauben, Zitronen-
   oder Limettenabrieb oder Ingwer

GEWÜRZE: 1–2 TL
   Ingwer, Zimt, Kardamom, Vanille

SÜSSMITTEL: 2 EL
   Honig oder Ahornsirup

Zubereitung:

Wenn die Zutaten eingefroren werden, sollten sie intensiver und süßer im Geschmack sein. Tiefgekühlte Früchte etwas stärker süßen. Noch 100 ml Waser hinzufügen. Wird allerdings Kokosmilch verwendet, dann reichen bereits 85 ml.

Alle Zutaten im Mixer ganz glatt pürieren. Die Eisformen bis 5 mm unter dem Rand mit der Mischung füllen. Dann 4 Stunden ins Tiefkühlgerät stellen, bis die Lollis fest sind. Unter warmes Wasser halten, dann löst sich das Eis am Stiel besser aus der Form.

🔲 *Gläsertausch*

Zusätzlich 4 EL Konfitüre (S. 214) oder Kokos-Zitrus-Creme (S. 216) zu der Milchbasis geben.

Ⓥ *Vegan genießen*

Für einen sorbetartigen Lolli die Milch durch 200 ml Kräutertee ersetzen.

Saisonales haltbar machen

Dies ist das letzte Kapitel und mit Blick auf das Thema Nachhaltigkeit nicht weniger wichtig. Die vorgestellten Rezepte helfen, ein Zuviel an Gemüse länger haltbar zu machen und sie das ganze Jahr hindurch zu genießen.

Viele dieser Köstlichkeiten im Glas werden für die Gerichte in diesem Buch verwendet, denn sie peppen jeden Salat, jedes Sandwich oder jeden Wrap auf. Konzentrieren Sie sich auf Ihre Favoriten und sammeln Sie Marmeladengläser. Lassen Sie auch die fermentierten und eingelegten Köstlichkeiten nicht außer Acht – sie stecken voller Geschmack und sind supergesund für Sie und unseren Planeten.

Tipps zum
FERMENTIEREN

Beim Fermentieren wird Gemüse in einem sterilisierten Einmachglas mit Salz und Wasser eingelegt, dann nach unten gedrückt, um überschüssige Luft herauszudrücken, und das war's schon! Hier einige Tipps, damit alles klappt.

Die Salzlake

Einige Gemüsesorten wie Zucchini oder Kohl produzieren ausreichend Wasser für ihre eigene Lake, wenn sie geraspelt und gesalzen sind. Festeres Gemüse wie Karotten oder Pastinaken oder aber Gemüse, das klein geschnitten statt geraspelt wird, benötigt etwas mehr Salzlake, damit es vollständig bedeckt ist. Die Lake sollte salziger schmecken als das fertig fermentierte Gemüse. Die Lake besteht meist aus 1–2 EL Salz pro 500 ml Wasser. Zu Beginn nimmt das Gemüse stärker das Wasser auf, deshalb immer einen Blick darauf werfen und eventuell Lake hinzugießen, damit das Gemüse stets bedeckt ist (s. rechts).

Raspeln oder klein schneiden

Beim Raspeln ist die Chance größer, dass das Gemüse ausreichend eigene Lake produziert, nachdem es gesalzen ist. Wird es klein geschnitten, dann muss mehr Salzwasser zugegeben werden, um es zu bedecken. Aber beides geht. Für mehr Lake 1 EL Salz in 500 ml Wasser auflösen.

Gläser sterilisieren

Am schnellsten und einfachsten lassen sich Einmachgläser 5 Minuten im Backofen bei 180 °C sterilisieren. Gummiringe entfernen, bevor die Gläser in den Backofen kommen.

Abdecken

Damit das Gemüse komplett bedeckt ist, sollte es beschwert werden. Ein sauberer Stein in ein Kohlblatt oder fettdichtes Papier gewickelt ist hier gut geeignet.

Aufstoßen

Das Glas einmal am Tag öffnen, damit Gase austreten können. Anschließend das Glas wieder fest verschließen.

Schief gegangen?

Wenn sich ein fauliger Geruch oder Schimmel unten im Glas bildet, dann das Glas wegwerfen. Ein wenig Schimmel direkt oben am Glasrand ist okay, solange das Gemüse bedeckt ist. Dann einfach den Schimmel mit einem sauberen Tuch abwischen. Das Fermentieren gelingt fast immer. Solange das Gemüse stets von ausreichend Lake bedeckt ist, sollte alles in Ordnung sein.

Aufbewahren

Nachdem das Fermentierte bei 15–18 °C rund 1–4 Wochen kühl gestanden hat, kommt es in den Kühlschrank. Der genaue Zeitpunkt hängt von Ihnen ab – der Geschmack ist gut, wenn Sie Säure und Komplexität ausreichend finden. Auch im Kühlschrank immer wieder probieren, um zu beurteilen, wann der Geschmack perfekt ist. Im Kühlschrank wird die Fermentation weitestgehend gestoppt, doch die Aromen können sich weiter entfalten. Durch langes und langsames Fermentieren bilden sich nuanciertere Aromen. Wenn Sie im Sommer fermentieren, dann geht es meist schneller. Deshalb immer wieder probieren. Wenn der Geschmack für Sie genau richtig ist, dann stellen Sie das Fermentierte in den Kühlschrank.

EINFACHE TOMATENSAUCE

Sommer

Im Spätsommer ist Haupterntezeit für Tomaten und der richtige Zeitpunkt, um Tomatensauce zu kochen. Egal, ob Sie es stückig oder fein püriert mögen, die Sauce können Sie in größeren Mengen zubereiten und das Rezept direkt verdoppeln. Nehmen Sie sich einen Nachmittag Zeit, sterilisieren Sie einige Schraubgläser und los geht's.

Ergibt 1,5–2 l / Vorbereitungszeit 30 Minuten / Garzeit 1 Stunde

Utensilien: 3–4 sterilisierte Schraubgläser mit 500 ml Fassungsvermögen (S. 202) & Mixer

Zutaten:

3,5 kg reife Tomaten,
 Stielansatz entfernt

30 ml frisch gepresster
 Zitronensaft

1 TL Salz

Zubereitung:

In einem großen Topf Wasser aufkochen. Eine große Schüssel mit Eiswasser füllen. Die Tomaten an der Unterseite kreuzweise einritzen und portionsweise 1 Minute in dem kochenden Wasser blanchieren. Mit dem Schaumlöffel herausheben und ins Eiswasser tauchen. Die Tomaten in einer zweiten Schüssel abkühlen lassen, häuten und grob hacken.

Die Tomaten portionsweise im Mixer zerkleinern. Für eine stückige Sauce die Pulse-Funktion nur einige Male betätigen, ansonsten die Tomaten fein pürieren. Sauce in einem Topf bei mittlerer Hitze 45 Minuten einkochen, dabei zwischendurch immer wieder umrühren. Zitronensaft und Salz hinzugeben und alles gut umrühren.

Mit einem Trichter oder einem Messbecher die Sauce in die vorbereiteten Gläser füllen. Die Deckel fest verschließen. Die Gläser 30 Minuten in einen großen Topf mit kochendem Wasser stellen und dann vollständig abkühlen lassen.

 **Reste**

Sauce nach Belieben mit Knoblauch, Zwiebeln oder Kräutern würzen und als Pizzabelag oder Nudelsauce verwenden. Auch eine neutrale Sauce ist gut, dann kann sie später noch beliebig nachgewürzt werden.

Aufbewahren

Die Sauce ist in einem Schraubglas an einem kühlen, dunklen Ort bis zu 1 Jahr haltbar. Geöffnete Gläser halten sich bis zu 4 Tage im Kühlschrank.

SELBST GEMACHTE GEMÜSEBRÜHWÜRFEL

Ganzjährig

Ob zum Garen von Reis oder für Suppen und Risottos, diese Brühwürfel sind für jeden Koch eine wahre Wohltat. Bewahren Sie Gemüsereste auf, denn sie sorgen für zusätzlichen Geschmack. Zudem reduzieren Sie so Ihren Abfall. Alle einzelnen Reste einfrieren, bis Sie genug zusammenhaben. Das Gleiche machen Sie mit Hähnchen- und Fleischknochen.

Vorbereitungszeit 5 Minuten, je nach Abfall / Garzeit 1 Stunde
Utensilien: großer Suppentopf

Zutaten:

ausreichend Reste, um den Suppentopf zu einem Drittel mit Gemüse zu füllen

50 % Schalen von Zwiebeln, Knoblauch, Lauch

50 % Schalen von Sellerie, Karotten, Kürbis, Reste von Pilzen, Paprika, Zucchini

kleinere Menge Pastinake (oder mehr für eine süße Brühe)

Blätter von Roter Bete, Kopfsalat, Blattspinat (zum Ende zugeben)

NICHT VERWENDEN

Karottenstielansätze sind besser für ein Pesto als für eine Brühe geeignet. Kohl, Blumenkohl oder Brokkoli machen die Brühe schnell bitter. Süßkartoffel und Kartoffel saugen zu viel Wasser auf und machen die Brühe breiig. Keine Lebensmittel verwenden, die schlecht riechen oder schlecht sind. Rote Bete nur sparsam verwenden, sonst wird die Brühe rot.

Zubereitung:

Wenn genug Gemüsereste vorhanden sind, um den Topf zu einem Drittel zu füllen, kaltes Wasser zugießen, damit alles bedeckt ist, und aufkochen. Eventuell Kräuter wie Lorbeerblatt, Rosmarin und/oder Thymian hinzufügen. Die Brühe 1 Stunde köcheln lassen, die Reste durch ein Sieb passieren und die Flüssigkeit in einen Messbecher gießen. Brühe in Eiswürfelschalen füllen und einfrieren. Die tiefgekühlten Würfel im Tiefkühlgerät bis zur weiteren Verwendung aufbewahren.

Für eine Hähnchen- oder Fleischbrühe ein Drittel der Gemüsereste mit Hähnchenresten oder Fleisch wie Knochen oder Haut 4 Stunden simmern lassen, dabei zwischendurch Verunreinigungen von der Oberseite abschöpfen. Die Brühe abseihen und in den Kühlschrank stellen, sodass sich Fett und Brühe trennen. Das Fett zum Kochen und Würzen verwenden. Die Brühe innerhalb von 3 Tagen verwenden oder auf Vorrat einfrieren.

⊖ Aufbewahren

Brühwürfel geben vielen Gerichten zusätzlich Geschmack. Im Kühlschrank halten sie sich bis zu 3 Tage. 5 tiefgekühlte Brühwürfel ergeben ungefähr 100 ml Brühe.

TOMATEN-CHILI-KONFITÜRE

Sommer

Zum Sommerende, wenn die beste Erntezeit für Tomaten ist, sollten Sie sich an diese Tomaten-Chili-Konfitüre machen. Wenn Sie den Sommer im Glas konservieren, werden Sie das ganze Jahr Freude daran haben. Zudem macht das Einkochen viel Spaß. Wenn Sie zu viel Konfitüre haben, schenken Sie Nachbarn und Freunden ein Glas.

Ergibt 2 kg / Vorbereitungszeit 5 Minuten / Einkochzeit 45 Minuten
Utensilien: 3–4 sterilisierte Schraubgläser mit 250 ml Fassungsvermögen (S. 202)

Zutaten:

2 TL Kreuzkümmelsamen

2 TL Senfsamen (gelb oder braun)

800 g reife Tomaten (oder Baby- oder Datteltomaten), halbiert

2 rote Chilischoten, entkernt und fein gehackt

1 Stück Ingwer (15 g), geschält und gerieben

2 rote Zwiebeln, fein gehackt

3 Knoblauchzehen, gerieben

150 g Kokoszucker (oder brauner Zucker)

75 ml Rotweinessig

1 EL Fischsauce

Zubereitung:

Die Samen in einer Pfanne ohne Fett 3–4 Minuten rösten, bis sie aufpoppen, dann im Mörser zu feinem Pulver vermahlen und mit den restlichen Zutaten, außer der Fischsauce, in einen großen Topf geben. Alles aufkochen, die Hitze reduzieren und 30–40 Minuten dicksämig einkochen. Die Fischsauce hinzufügen und die Konfitüre einige Minuten köcheln lassen, dann in die sterilisierten Gläser füllen und diese sofort verschließen. Die Konfitüre vor dem Öffnen an einem kühlen, dunklen Ort mindestens 1 Monat stehen lassen.

Aufbewahren

An einem kühlen, dunklen Ort ist die Konfitüre bis zu 1 Jahr haltbar. Geöffnet hält sie sich bis zu 1 Monat im Kühlschrank.

GEMÜSERESTE-PICCALILLI

Frühling / Winter

Manchmal weiß man einfach nicht, wohin mit den Gemüseresten im Kühlschrank. Dann sind diese Senf-Pickles genau das Richtige, um alles zu verarbeiten. Sie schmecken köstlich zu belegten Broten, Salatbowls und natürlich zu Käse.

Ergibt 900 g / Vorbereitungszeit 10 Minuten /
Einkochzeit 1½ Stunden
Utensilien: 2 sterilisierte Schraubgläser mit 450 ml Fassungs-
vermögen (S. 202)

Zutaten:

- ½ großer Blumen-kohl, in kleine Röschen geteilt
- ½ großer Brokkoli, in kleine Röschen geteilt
- 2 rote Chilischoten, eventuell entkernt
- 200 g grüne Boh-nen, in kurze Abschnitte geschnitten
- 150 g Stangen-bohnen, in

- kurze Abschnitte geschnitten
- 1 rote Zwiebel, grob gehackt
- 4 EL feines Meersalz
- Olivenöl, zum Braten
- 1 EL gelbe Senfsamen
- 1 EL gemahlener Kreuzkümmel
- 1 EL gemahlene Kurkuma

- 1 EL englisches Senfpulver
- 2 EL Mehl
- 250 ml Weiß-weinessig
- 1 Apfel, gerieben
- 3 EL Zucker
- 1 große Knoblauch-zehe, gerieben
- 1 EL getrockneter Oregano
- 2 Lorbeerblätter

✿ Saisonal variieren

Je nach Jahreszeit können Sie mit anderem Gemüse wie Fenchel, Karotte, Lauch, Knollensellerie und Paprika experimentieren. Etwas mehr Chili sorgt für mehr Würze.

⊖ Aufbewahren

Das Glas ist an einem kühlen, dunklen Ort bis zu 1 Jahr haltbar. Geöffnet hält es sich bis zu 1 Monat im Kühlschrank.

Zubereitung:

Das Gemüse in einer großen Schüssel salzen und mit Wasser bede-cken. Olivenöl in einer großen Pfanne erhitzen und Senfsamen, Kreuzkümmel und Kurkuma darin rösten, bis die Samen gerade aufpoppen. Die Hitze reduzieren und Senfpulver, Mehl und 1 Sprit-zer Essig hinzufügen. Alles zu einer dicken Paste verrühren, dann den restlichen Essig sowie 100 ml Wasser hinzugießen und glatt verrühren. Apfel, Zucker, Knoblauch, Oregano und Lorbeerblätter dazugeben und 2–3 Minuten mitköcheln lassen.

Das salzige Gemüse abtropfen lassen, in den Topf geben und unter die Paste rühren. Gemüse in 10–15 Minuten weich köcheln lassen, in sterilisierte Gläser füllen und diese fest verschließen.

ROSEN-HARISSA

Ganzjährig

Eine köstliche Paste aus scharfen Chilischoten und Paprikapulver gibt jedem Gericht die nötige Würze. Ob zum Röstgemüse vom Vortag, als pikanter Dip zum gegrillten Fisch oder kombiniert mit Joghurt zum pochierten Ei – diese Gewürzpaste sollten Sie stets im Vorrat haben.

Ergibt 150–180 g / Vorbereitungszeit 5 Minuten / Garzeit 15 Minuten
Utensilien: Mixer & 1 sterilisiertes Schraubglas mit 200 ml Fassungsvermögen (S. 206)

Zutaten:

2 TL Koriandersamen

2 TL Kreuzkümmelsamen

2 TL Kümmelsamen

4 EL Olivenöl

1 rote Zwiebel, fein gehackt

2 rote Chilischoten, entkernt und fein gehackt

3 Knoblauchzehen, gerieben

1 geröstete rote Paprikaschote

3 TL Tomatenmark

2 EL Zitronensaft

1 TL Paprikapulver edelsüß

½ TL Rosenwasser

Salz und schwarzer Pfeffer

Zubereitung:

Die Samen in einer Pfanne ohne Fett rösten, bis sie beginnen aufzupoppen, dann im Mörser zu einem feinen Pulver vermahlen.

In einem Topf 1 EL Olivenöl erhitzen und Zwiebel und Chilis darin in 10 Minuten weich schmoren. Den Knoblauch hinzufügen und weitere 1–2 Minuten anschmoren. Die restlichen Zutaten, außer Salz und Pfeffer, zusammen mit der Zwiebelmischung, dem restlichen Olivenöl (3 EL) und den Gewürzen im Mixer fein pürieren. Harissa salzen und pfeffern und zum Schluss in das sterilisierte Glas füllen.

⊖ Aufbewahren

Das Glas ist an einem kühlen, dunklen Ort bis zu 6 Monate haltbar. Geöffnet hält es sich im Kühlschrank bis zu 1 Monat.

◉ Variieren

Selbst gemachte aromatisierte Butter ist nicht nur nachhaltig, sondern gibt jeder Mahlzeit im Handumdrehen mehr Geschmack. Das Harissa mit weicher Butter verrühren, einfrieren und beispielsweise für ein Dal (S. 124) verwenden.

BEERENKONFITÜRE (OHNE KOCHEN)

Sommer/Herbst

Pflücken Sie im Sommer reichlich Beeren, einige können Sie direkt frisch verzehren, die anderen verarbeiten Sie zu Konfitüren. Die Konfitüren brauchen nur 20 Minuten zum Festwerden, da sie mit Chiasamen gelieren. Sie müssen kühl aufbewahrt werden. Deshalb einige Gläser einfrieren, um die Haltbarkeit zu verlängern.

Ergibt 500 g von jeder Konfitüre / Vorbereitungszeit 5 Minuten
Utensilien: Mixer & je 2 sterilisierte Schraubgläser mit
250 ml Fassungsvermögen (S. 202)

Zutaten:

SOMMER:	HERBST:	HERBST:
ERDBEERE & KARDAMOM	**BROMBEERE & ZITRONE**	**HIMBEERE & INGWER**
600 g Erdbeeren, entkelcht	600 g Brombeeren	600 g Himbeeren
6 Medjool-Datteln, entsteint	Saft von 1 Zitrone	1 TL gemahlener Ingwer
6 TL Chiasamen (ganz oder vermahlen)	6 Medjool-Datteln, entsteint	6 Medjool-Datteln, entsteint
2 kleine Prisen gemahlener Kardamom	6 TL Chiasamen (ganz oder vermahlen)	6 TL Chiasamen (ganz oder vermahlen)
Saft von 1 Limette		Saft von ½ Zitrone

Zubereitung:

Alle Zutaten im Mixer glatt pürieren. In die sterilisierten Gläser füllen und in 20 Minuten fest werden lassen. Zwischendurch umrühren, um eventuelle Klumpen zu lösen.

⊖ *Aufbewahren*

Im Kühlschrank hält sich die Konfitüre 1 Monat. Das geöffnete Glas ist im Kühlschrank 1–2 Wochen haltbar. Die Konfitüre kann auch eingefroren werden und ist dann Monate haltbar.

KOKOS-ZITRUS-CREME

Sommer

Statt Zucker wird hier Honig verwendet – somit ist die Creme gleich
viel gesünder. Sie schmeckt gut zu Kuchen, im Joghurt oder einfach als
Aufstrich zum Toast.

Ergibt 500 g / Vorbereitungszeit 5 Minuten / Einkochzeit 20 Minuten
Utensilien: 2 sterilisierte Schraubgläser mit 250 ml Fassungsvermögen (S. 202)

Zutaten:

abgeriebene Schale und
  Saft von 2 Bio-Zitronen

abgeriebene Schale von
  1 Bio-Orange

abgeriebene Schale von
  1 Bio-Limette

200 g fester Honig

100 g Butter

2 Bio-Eier, verquirlt

Zubereitung:

Alle Zutaten, außer den Eiern, in einer hitzebeständigen Schüssel
über dem Wasserbad verquirlen. Darauf achten, dass die Unterseite
der Schüssel nicht mit dem Wasser in Berührung kommt. So lange
rühren, bis Honig und Kokosöl geschmolzen sind.

Die Eier unter kräftigem Schlagen unterrühren, dabei sollte die
Hitze nicht zu stark sein, da sonst die Eier stocken. Die Mischung
10–12 Minuten köcheln lassen, dabei gelegentlich umrühren, bis die
Masse dick und cremig ist. Die Schüssel vom Wasserbad nehmen und
die Creme 5 Minuten ruhen lassen, dann in die sterilisierten Gläser
füllen und diese fest verschließen.

⊖ Aufbewahren

Die Creme hält sich im Kühlschrank
bis zu 3 Monate. Geöffnete Gläser
sind 3–4 Wochen im Kühlschrank
haltbar. Die Creme kann bis zu
1 Jahr tiefgekühlt werden.

♥ Variieren

Den Abrieb und den Saft einer
Grapefruit statt einer Zitrone
verwenden.

GRÜNES FRÜHLINGSPESTO

Sommer

Pesto muss nicht immer nur mit Basilikum zubereitet werden. Verwenden Sie grüne Gemüseabfälle für ein tolles neues Lieblingspesto.

Ergibt 200 g / Vorbereitungszeit 5 Minuten

Utensilien: Mixer & 1 sterilisiertes Schraubglas mit 200 ml Fassungsvermögen (S. 202)

Zutaten:

2 Knoblauchzehen

2 Handvoll Grünabfall von Karotten, Radieschen, Salatblättern und Blattspinat

120 ml Olivenöl, plus mehr zum Beträufeln

60 g Pinienkerne, geröstet

30 g Parmesan

Saft von ½ Zitrone

Salz und schwarzer Pfeffer

Zubereitung:

Alle Zutaten im Mixer zu einer dicksämigen Paste verarbeiten. Die Konsistenz können Sie selbst bestimmen. In das sterilisierte Glas löffeln, mit Olivenöl bedecken und das Glas fest verschließen.

☻ Aufbewahren

Das Glas hält sich bis zu 1 Monat im Kühlschrank. Einmal geöffnet, die Oberseite des Pestos mit ausreichend Olivenöl bedecken, damit es nicht braun wird und schimmelt. So hält es sich 2–3 Wochen. Das Pesto kann im Glas oder als Würfel bis zu 3 Monate tiefgekühlt werden.

SOMMERLICHES TOMATENPESTO

Sommer

Die Tomaten werden hier geröstet, um das Sommeraroma einzufangen. Holen Sie sich mit diesem köstlichen Pesto den Sommer ins Glas, um ihn das ganze Jahr über zu genießen.

Ergibt 500 g / Vorbereitungszeit 5 Minuten / Schmorzeit 15 Minuten
Utensilien: Mixer & 2 sterilisierte Schraubgläser mit 250 ml Fassungsvermögen (S. 202)

Zutaten:

450 g Tomaten

80 ml Olivenöl

2 Knoblauchzehen

Salz und schwarzer
   Pfeffer

70 g Walnusskerne

½ TL Chiliflocken

40 g Parmesan

Zubereitung:

Den Backofen auf 200 °C vorheizen. Ein Backblech mit wiederverwendbarem Backpapier belegen. Die Tomaten darauf verteilen und mit 2 EL Olivenöl beträufeln. Den Knoblauch darüberreiben und die Tomaten mit Salz und Pfeffer würzen. Alles gründlich mischen und im vorgeheizten Backofen 10–15 Minuten schmoren, bis die Tomaten zusammenfallen, dann abkühlen lassen. Die Tomaten zusammen mit den restlichen Zutaten im Mixer fein verarbeiten. Die Konsistenz können Sie selbst bestimmen. In die sterilisierten Gläser füllen und die Gläser fest verschließen.

☺ Aufbewahren

Das Glas hält sich bis zu 1 Monat im Kühlschrank. Einmal geöffnet, die Oberseite des Pestos mit ausreichend Olivenöl bedecken, damit es nicht braun wird und schimmelt. So hält es sich 2–3 Wochen. Das Pesto kann im Glas oder als Würfel bis zu 3 Monate tiefgekühlt werden.

EINGELEGTE ZITRONEN

Winter

Wenn Sie Zitronen selber einlegen, brauchen Sie etwas Geduld, bis die Zitronen ihren Zauber entfalten. Doch dann können Sie sich an ihrem fantastischen salzigen Geschmack erfreuen. Bei eingelegten Zitronen sollten Sie das Fruchtfleisch herauskratzen, klein schneiden und unter Linsen, Couscous, Graupen, Dinkel oder andere Getreidekörner mischen.

Ergibt 12 Zitronen / Vorbereitungszeit 5 Minuten /

Einmachzeit 3–4 Wochen

Utensilien: sterilisiertes Schraubglas mit 2 l Fassungsvermögen

(S. 202)

Zutaten:

12 Bio-Zitronen, gewaschen	6 Zweige Thymian
3 EL Koriandersamen	½ Zimtstange, zerdrückt
3 EL Fenchelsamen	2 Lorbeerblätter, zerdrückt
1 getrocknete Chilischote	500 g Meersalz

Zubereitung:

Jede Zitrone an der Oberseite bis 5 mm vor der Unterseite kreuzweise einschneiden. So bleibt eine geviertelte Zitrone, die an der Unterseite zusammengehalten wird.

Koriander- und Fenchelsamen in einer Pfanne ohne Fett etwa 3 Minuten duftend rösten. Die Gewürze mit Chili, Thymian, Zimt und Lorbeerblättern in einer Schüssel mischen.

Über einer großen Schüssel eine Zitrone mit der Salzmischung füllen und mit dem Daumen vorsichtig in das Fruchtfleisch drücken. Mit allen Zitronen so verfahren und diese dann in die Schüssel legen. Zitronen mit dem restlichen Salz bestreuen und alles mischen.

Die Zitronen in das sterilisierte Glas legen und fest nach unten drücken, sodass sie von ihrem eigenen Saft vollständig bedeckt sind. Möglichen Saft und Gewürze aus der Schüssel hinzugeben. Das Glas fest verschließen und die Zitronen 3–4 Wochen ziehen lassen, bis die Schalen weich geworden sind.

☻ Aufbewahren

Das Glas fest verschlossen bis zu 6 Monate an einem kühlen, dunklen Ort aufbewahren. Geöffnet hält sich das Glas bis zu 6 Monate im Kühlschrank.

FERMENTIERTE KÜMMEL-RADIESCHEN

Frühling / Sommer

Radieschen wachsen ziemlich schnell und sind manchmal alle gleichzeitig erntereif. Daher ist dies das ideale Rezept, um sie länger haltbar zu machen, während sie außerdem schön knackig bleiben. Ein nachhaltiges Glas Radieschen ist eine super Ergänzung zum Mittagessen, ob in Scheiben im Salat, zu Käse oder gerieben für einen farbenfrohen Joghurt-Dip.

Ergibt 750 g / Vorbereitungszeit 15 Minuten /
Fermentierzeit 4–10 Tage
Utensilien: sterilisiertes Schraubglas mit 750 ml Fassungsvermögen
(S. 202)

Zutaten:

1½ EL Meersalz

½ TL Kümmelsamen

450 g Radieschen (Sorte nach Belieben), halbiert und Stielansätze entfernt (diese sind ideal für das Grüne Frühlingspesto von S. 218)

Zubereitung:

Salz und 500 ml Wasser in einer großen Schüssel verrühren, bis das Salz sich vollständig aufgelöst hat.

Die Samen unten ins Glas geben, Radieschen darauflegen und alle Radieschen bis 2 cm unter den Rand des Glases mit Salzlake auffüllen, sodass sie vollständig davon bedeckt sind. Die Radieschen beschweren, damit sie unter Wasser bleiben. Das Glas fest verschließen und die Radieschen 4–10 Tage bei Zimmertemperatur fermentieren lassen. Nach 2 Tagen zum ersten Mal probieren. Wenn der Geschmack genau richtig ist, das Glas in den Kühlschrank stellen. Dort hält es sich viele Monate.

⊖ Aufbewahren

Das Glas hält sich im Kühlschrank, verschlossen oder geöffnet, bis zu 1 Jahr, je nachdem, welchen Geschmack Sie bevorzugen. Das Ferment lässt das Gemüse ähnlich wie Essig reagieren.

FERMENTIERTE CHILI-KAROTTEN

Frühling / Sommer / Winter

Diese Karotten können wunderbar mit Hummus als Imbiss oder leichtes Mittagessen serviert werden. Sie können auch Past naken verwenden und den Chili durch fein gehackten Knoblauch ersetzen, wenn es weniger scharf sein soll.

Ergibt 750 g / Vorbereitungszeit 15 Minuten /
Fermentierzeit 5–10 Tage
Utensilien: 1 sterilisiertes Schraubglas mit 750 ml Fassungsvermögen
(S. 202)

Zutaten:

450 g Karotten, geschält und Enden abgeschnitten (diese für die Zubereitung eines Pestos oder für eine Frittata verwenden)

1 EL Meersalz

½ getrocknete Chilischote (z. B. Chipotle), halbiert und grob gehackt

Zubereitung:

Die Karotten längs halbieren, dann in 1 cm dicke Stifte schneiden. Eventuell probieren, ob sie der Länge nach in das Glas passen. Ideal wäre, wenn sie 2 cm kürzer als die Gesamthöhe des Glases wären.

Das Salz mit 500 ml Wasser in einer großen Schüssel verrühren, bis das Salz sich vollständig aufgelöst hat. Die Karotten und die Chili in das sterilisierte Glas stecken und dann bis 2 cm unter den Rand des Glases mit Salzlake auffüllen, sodass das Gemüse vollständig bedeckt ist. Das Glas fest verschließen und 5–10 Tage bei Zimmertemperatur fermentieren lassen. Nach 4 Tagen zum ersten Mal probieren. Wenn der Geschmack genau richtig ist, das Glas verschließen und in den Kühlschrank stellen. Dort hält es sich einige Monate.

☻ Aufbewahren

Das Glas hält sich im Kühlschrank, verschlossen oder geöffnet, bis zu 1 Jahr, je nachdem, welchen Geschmack Sie bevorzugen. Je länger das Ferment steht, desto essiglastiger wird der Geschmack.

FERMENTIERTER KNOBLAUCH

Sommer

Dieses Rezept sollte jeder Knoblauchliebhaber ausprobieren, dem der Knoblauch roh zu streng ist. Durch das Fermentieren wird der Geschmack weicher und der Knoblauch bekommt einen einzigartigen, köstlichen Biss. So erhält jeder Salat mehr Aroma. Sie können ihn auch für noch mehr Geschmack in ein Dressing oder Pesto reiben.

Ergibt 250 g / Vorbereitungszeit 15 Minuten /
Fermentierzeit 3–4 Wochen

Utensilien: 1 sterilisiertes Schraubglas mit 500 ml Fassungsvermögen (S. 202)

Zutaten:

½ EL Meersalz

6 Knoblauchknollen,
   Zehen herausgelöst
   und geschält

1 EL Meersalz

1 Zweig Rosmarin (oder
   ½ TL getrocknete
   Rosmarinnadeln)

Zubereitung:

Das Salz mit 250 ml Wasser in einem Messbecher verrühren, bis das Salz sich vollständig aufgelöst hat. Die Knoblauchzehen mit dem Rosmarin in das sterilisierte Glas legen und dann bis 2 cm unter den Rand des Glases mit Salzlake auffüllen, sodass der Knoblauch vollständig davon bedeckt ist. Falls nötig, noch zusätzlich beschweren, damit alles heruntergedrückt wird. Das Glas fest verschließen und den Knoblauch 3–4 Wochen bei Zimmertemperatur fermentieren lassen. Nach 2 Wochen zum ersten Mal probieren. Wenn der Geschmack genau richtig ist, das Glas in den Kühlschrank stellen

☻ Aufbewahren

Das Glas hält sich im Kühlschrank, verschlossen oder geöffnet, bis zu 1 Jahr, je nachdem, welchen Geschmack Sie bevorzugen. Der Geschmack wird immer milder. Einfach köstlich!

FERMENTIERTE FRISCHE KRÄUTER

Frühling / Sommer

Am besten nutzen Sie für die Kräuter kleine Schraubgläser, da Sie immer nur einige Blätter oder Löffel verwenden werden. Kräuter an sich sind schon fantastisch, aber fermentiert lassen sie sich das ganze Jahr über genießen. Sie können sehr gut in Mayonnaisen und Dressings eingerührt werden.

Ergibt 250 g / Vorbereitungszeit 10 Minuten /
Fermentierzeit 5–10 Tage
Utensilien: 1 sterilisiertes Schraubglas mit
250 ml Fassungsvermögen (S. 202)

Zutaten:

1 TL Meersalz

40 g Kräuterblätter von Koriander, Schnitt-lauch, Petersilie, Minze, Oregano und Basilikum (eigent-lich passen hier alle Kräuter)

Zubereitung:

Das Salz mit 250 ml Wasser in einem Messbecher verrühren, bis das Salz sich vollständig aufgelöst hat. Die Kräuterblätter in das sterili-sierte Glas füllen, dabei sollte oben noch Platz bleiben. Kräuter mit der Salzlake übergießen und eventuell beschweren. Das Glas fest verschließen und 5–10 Tage bei Zimmertemperatur fermentieren lassen, oder bis das Fermentierte genug Geschmack hat und Bläs-chen wirft. Die Kräuter im Kühlschrank aufbewahren.

⊖ *Aufbewahren*

Das Glas hält sich bis zu 1 Jahr im Kühlschrank. Geöffnet ist es weitere 6 Monate im Kühlschrank haltbar. **Achtung**: Grüne Kräuter oxidieren und werden mit der Zeit dunkel. Das ist ganz natürlich und hat keinen Einfluss auf das Endprodukt oder die Haltbarkeit.

FERMENTIERTE KIRSCHTOMATEN

Sommer

Dies ist die einfachste und schnellste Art, um Kirschtomaten haltbar zu machen. Großartig für Salate, Saucen und Snacks.

Ergibt 1 kg / Vorbereitungszeit 5 Minuten /
Fermentierzeit 3–4 Wochen
Utensilien: 1 sterilisiertes Schraubglas mit 1 l Fassungsvermögen
(S. 202)

Zutaten:

2 EL Meersalz

500 g Kirschtomaten,
  Stielansatz entfernt

2–3 Basilikumblätter

Zubereitung:

Das Salz mit 500 ml Wasser in einem großen Messbecher verrühren, bis das Salz sich vollständig aufgelöst hat. Die Tomaten in das sterilisierte Glas füllen und mit der Salzlake übergießen. Die Basilikumblätter hinzufügen. Eventuell die Tomaten noch beschweren, damit sie vollständig von der Lake bedeckt sind. Das Glas fest verschließen.

Tomaten etwa 3–4 Wochen bei Zimmertemperatur fermentieren lassen. Dabei jeden Tag den Deckel öffnen, damit mögliche Gase entweichen können. Wenn die Tomaten ausreichend fermentiert sind, im Kühlschrank aufbewahren.

😋 Aufbewahren

Das Glas hält sich bis zu 1 Jahr im Kühlschrank. Geöffnet ist es weitere 6 Monate im Kühlschrank haltbar.

KAROTTEN-APFEL-PICKLES MIT GALGANT

Frühling / Sommer / Winter

Bei dieser einfachen Einlegflüssigkeit können Sie das Gemüse nach Belieben variieren und Rote Bete, Rotkohl oder selbst in Spiralen geschnittenen Daikon-Rettich verwenden. Das eingelegte Gemüse passt gut zu Käse mit Kräckern oder gibt einem Wintersalat extra Frische.

Ergibt 750 g / Vorbereitungszeit 15 Minuten /
Einmachzeit 3 Wochen
Utensilien: 1 sterilisiertes Schraubglas mit 750 ml Fassungsvermögen
(S. 202)

Zutaten:

300 ml Reisessig

180 ml flüssiger Honig

1 TL Meersalz

4 Lorbeerblätter

1 Sternanis, zerdrückt

250 g Karotten, in lange dünne Stifte geschnitten (passend für das Glas)

75 g Birnen, entkernt und in dünne Stifte geschnitten

1 Stück frische Galgantwurzel (25 g), geschält und in dünne Streifen geschnitten

Zubereitung:

Für die Einlegflüssigkeit Essig, 300 ml gefiltertes Wasser, Honig, Salz, Lorbeerblätter und Sternanis in einem großen Topf aufkochen. Die Hitze stark reduzieren und alles 5 Minuten leicht köcheln lassen. Den Topf vom Herd nehmen und alles vollständig abkühlen lassen.

Karotten, Birne und Galgantwurzel in ein sterilisiertes Glas füllen und mit der abgekühlten Flüssigkeit bis 1 cm unter den Rand des Glases auffüllen, damit alles gut bedeckt ist. Den Deckel fest verschließen und die Pickles an einem kühlen, dunklen Ort bis zu 1 Jahr aufbewahren.

 *Aufbewahren*

Das Glas hält sich bis zu 1 Jahr an einem kühlen, dunklen Ort. Geöffnet ist es mindestens 1 Monat im Kühlschrank haltbar.

ZUCCHINI-PICKLES MIT KURKUMA & SENFSAMEN

Sommer

Zucchini wachsen im Sommer in Hülle und Fülle. Was wäre da besser, als sie für später einzumachen – so wie hier mit speziellen Gewürzen?

Ergibt 1 kg / Vorbereitungszeit 20 Minuten / 1 Stunde Ruhezeit / Lagerzeit 1 Woche–3 Monate gekühlt
Utensilien: 2 sterilisierte Schraubgläser mit 500 ml Fassungsvermögen (S. 202)

☕ *Aufbewahren*

Das Glas hält sich bis zu 1 Jahr an einem kühlen, dunklen Ort. Geöffnet ist es mindestens 1 Monat im Kühlschrank haltbar.

Zutaten:

500 g Zucchini, in beliebiger Farbe

3 Schalotten, in feine Ringe geschnitten

2 EL feines Tafelsalz

500 ml Apfelessig

280 g flüssiger Honig

1 TL Senfpulver

1 TL gelbe Senfsamen

1 TL Selleriesamen

½ TL Chiliflocken

1 TL gemahlene Kurkuma

Zubereitung:

Die Zucchini mit einem scharfen Messer, einem Gemüsehobel oder mit dem Hobel der Küchenmaschine in feine Scheiben schneiden, dann mit den Schalotten in eine große Schüssel legen und mit Salz bestreuen. Mit Eiswasser bedecken und alles verrühren, damit sich das Salz auflöst. Zuccini etwa 1 Stunde stehen lassen. Mit sauberen Küchentüchern überschüssige Feuchtigkeit aus den Zucchini herausdrücken. Wenn die Scheiben zu feucht bleiben, wird das Wasser die Einlegflüssigkeit verwässern.

Für die Einlegflüssigkeit die restlichen Zutaten in einem Topf 3 Minuten aufkochen und abkühlen lassen.

Die Zucchini-Mischung in die sterilisierten Gläser füllen und mit der abgekühlten Flüssigkeit bis 1 cm unter den Rand des Glases übergießen, sodass alles von der Flüssigkeit vollständig bedeckt ist. Die Gläser fest verschließen.

FERMENTIERTER KOHL MIT APFEL & FENCHELSAMEN

Winter

Das ist eine kleine Abwandlung des allseits bekannten Sauerkrauts, denn hier werden extra Aromen hinzugefügt. Dieses Rezept kommt ohne Essig aus. Sie können auch Rotkohl oder Grünkohl sowie andere Gewürze verwenden, ganz nach persönlichem Gusto.

Ergibt 1 kg / Vorbereitungszeit 30 Minuten /
Fermentierzeit 2 Wochen

Utensilien: 1 sterilisiertes Schraubglas mit 1 l Fassungsvermögen
(S. 202)

✎ Aufbewahren

Das Glas hält sich im Kühlschrank bis zu 1 Jahr. Geöffnet ist es bis zu 1 Monat im Kühlschrank haltbar.

Zutaten:

1 großer Weißkohl
(etwa 800 g)

1 EL Meersalz, plus
1½ TL mehr, falls nötig

150 g Äpfel, entkernt
und in dünne Spalten
geschnitten

1 EL Fenchelsamen

Zubereitung:

Die äußeren Blätter des Kohls entfernen und wegwerfen. Den restlichen Kohl klein hobeln, dann in einer großen Schüssel mit Salz bestreuen und mit den Händen etwa 15 Minuten gründlich kneten. Mit den Enden des Nudelholzes auf den Kohl schlagen, damit die Säfte freigesetzt werden und ausreichend Flüssigkeit vorhanden ist, damit der Kohl von seiner eigenen Lake bedeckt ist. Apfelspalten und Fenchelsamen untermischen.

Die Mischung in das sterilisierte Glas füllen, dabei den Saft bis 2–3 cm unter den Rand des Glases hinzugießen. Es sollte alles vollständig bedeckt sein und sollten keine Luftpolster bleiben. Ansonsten 250 ml Wasser mit etwas extra Salz verrühren und ins Glas gießen. Das Glas einmal leicht auf die Arbeitsfläche schlagen, damit mögliche Luftbläschen nach oben steigen. Das Glas fest verschließen. Falls nötig, den Inhalt vor dem Verschließen zusätzlich beschweren. Die Mischung etwa 2 Wochen fermentieren lassen. Nach 10 Tagen zum ersten Mal probieren. Wenn der Geschmack genau richtig ist, das Glas in den Kühlschrank stellen.

KIMCHI MIT SCHWARZKOHL

Winter

Dieses Kimchi wird nach Belieben durch Schwarzkohl ergänzt. Es wird immer saurer, je länger es durchzieht. Einen Versuch wert: das Kimchi mit geröstetem Sesamöl und ein wenig Honig in der Pfanne kurz anbraten und dazu ein Ei auf Toast servieren.

Ergibt 1 kg / Vorbereitungszeit 30 Minuten / Garzeit 10 Minuten / Fermentierzeit 2 Tage bei Zimmertemperatur / Fermentierzeit mindestens 2 Wochen im Kühlschrank
Utensilien: Mixer & 1 sterilisiertes Schraubglas mit 1 l Fassungsvermögen (S. 202)

⊖ *Aufbewahren*

Das Glas hält sich im Kühlschrank verschlossen oder geöffnet bis zu 1 Jahr.

Zutaten:

40 g feines Tafelsalz	1½ EL Mehl	80 ml Fischsauce
1 großer Chinakohl (etwa 1,2 kg), längs halbiert	7 Knoblauchzehen	2 TL Tamari (Sojasauce)
	1 Stück Ingwer (5 g), geschält	1 EL Ahornsirup
60 g Meersalz	35 g koreanisches Chilipulver	2 EL Reisessig
150 g Schwarzkohl		

Zubereitung:

Das Tafelsalz in 1,2 l Wasser auflösen. Jedes Kohlblatt mit Meersalz bestreuen. Restliches Salz in die Flüssigkeit geben. Kohl mit der Schnittfläche nach unten ins Wasser legen und den Schwarzkohl hinzufügen. Alles nach unten pressen, sodass alles vom Salzwasser bedeckt ist. 2 Stunden stehen lassen, Kohl wenden und weitere 2 Stunden stehen lassen, dann abtropfen lassen und gründlich abspülen. Mehl und 2 EL Wasser verrühren, 200 ml Wasser unterrühren. Die Mischung unter Rühren aufkochen und bei schwacher Hitze köcheln, bis die Masse eingedickt ist. Abkühlen lassen.

Die restlichen Zutaten mit der Mehlmischung im Mixer glatt pürieren und zum Kohl geben. Den Schwarzkohl zwischen den Kohl schichten, sodass jedes Blatt bedeckt ist. Kohl in das sterilisierte Glas füllen und herunterpressen, sodass mögliche Luftpolster verschwinden. Glas fest verschließen und an einem dunklen, kühlen Ort 2 Tage aufbewahren. Dann den Kohl herunterdrücken, damit er vollständig bedeckt ist. Glas wieder verschließen und 2–4 Wochen kühl stellen, dabei zwischendurch immer wieder probieren.

FERMENTIERTER BLUMENKOHL MIT KORIANDER

Frühling / Sommer / Winter

Diese wundervollen mundgerechten Röschen stecken voller Geschmack. Sie lassen sich gut in einen Kohlsalat schneiden oder einfach mit einem Dip als fantastischen Imbiss genießen.

Ergibt 500 g / Vorbereitungszeit 5 Minuten / Fermentierzeit 4–7 Tage
Utensilien: 1 sterilisiertes Schraubglas mit 500 ml Fassungsvermögen
(S. 202)

Zutaten:

1 Blumenkohl, in mund-
   gerechte Röschen
   geteilt

1½ EL Meersalz

1 TL Koriandersamen

1 getrocknete
   Chilischote

3 Knoblauchzehen

Zubereitung:

Die Blumenkohlröschen in das Glas füllen. Das Salz in 500 ml Wasser auflösen, Gewürze und Knoblauch unterrühren und die Flüssigkeit über den Blumenkohl gießen, bis das Glas bis 2 cm unter den Rand gefüllt ist und alle Zutaten vollständig bedeckt sind. Falls nötig, alles zusätzlich beschweren, und dann das Glas fest verschließen. Den Blumenkohl 4–7 Tage bei Zimmertemperatur fermentieren lassen. Nach 2 Tagen zum ersten Mal probieren. Wenn der Geschmack genau richtig ist, das Glas in den Kühlschrank stellen.

☻ Aufbewahren

Das Glas hält sich im Kühlschrank bis zu 6 Monate. Geöffnet ist es 3 Monate im Kühlschrank haltbar.

EINGELEGTE ROTE ZWIEBELN

Ganzjährig

Diese Zwiebel-Pickles können schon nach einigen Stunden gegessen werden, doch am besten schmecken sie am Tag nach dem Einlegen, und ungeöffnet halten sie sich sogar bis zu 3 Monate. Sie sind superpraktisch, da sie vielfältig serviert werden können – sie geben Reisgerichten und belegten Broten eine extra Portion Geschmack.

Ergibt 750 g / Vorbereitungszeit 5 Minuten / Garzeit 8 Minuten /
Einlegzeit 1–2 Tage
Utensilien: 1 sterilisiertes Schraubglas mit 750 ml Fassungsvermögen
(S. 202)

Zutaten:

180 ml Rotweinessig

3 EL flüssiger Honig

1 TL Meersalz

1 TL getrockneter
Thymian

500 g rote Zwiebeln, hal-
biert und in Streifen
geschnitten

Zubereitung:

Für die Einlegflüssigkeit den Essig in einem Topf mit Honig, Salz und Thymian aufkochen, die Hitze reduzieren und die Flüssigkeit 5 Minuten köcheln, dann abkühlen lassen.

Die roten Zwiebeln in das sterilisierte Glas füllen und mit der kalten Flüssigkeit bis zu 1 cm unter den Rand des Glases auffüllen, sodass die Zwiebeln vollständig bedeckt sind. Den Deckel fest verschlie-ßen und die Pickles an einem dunklen, kühlen Ort 1–2 Tage stehen lassen und erst dann das Glas öffnen.

 *Aufbewahren*

Das Glas hält sich an einem dunklen, kühlen Ort bis zu 3 Monate. Geöffnet ist es 3–4 Wochen im Kühlschrank haltbar.

EINGELEGTE NEKTARINEN

Sommer

Diese farbenfrohen Früchte sind eine himmlische Ergänzung zu Joghurt und Granola, schmecken aber auch zerdrückt auf Toast wie eine Konfitüre. Die süße Flüssigkeit ist ideal für Salatdressings und gibt aromatisierten sommerlichen Drinks eine ganz neue Note. Sie können im Prinzip jede Steinfrucht verwenden.

Ergibt 1 kg / Vorbereitungszeit 10 Minuten / Garzeit 5 Minuten /
Einlegzeit 2 Monate im Kühlschrank
Utensilien: 1 sterilisiertes Schraubglas mit 1 l Fassungsvermögen
(S. 202)

Zutaten:

250 g flüssiger Honig

100 ml Reisweinessig

1 Zimtstange

1 Sternanis

200 ml Wodka

350 g Nektarinen, halbiert und entsteint

Zubereitung:

Honig, Essig, Gewürze und Wodka in einem Topf aufkochen. Den Topf vom Herd nehmen und die Einlegflüssigkeit abkühlen lassen.

Die Früchte in das sterilisierte Glas füllen und mit der abgekühlten Flüssigkeit bis 2 cm unter den Rand des Glases auffüllen, sodass die Früchte vollständig bedeckt sind. Den Deckel fest verschließen und die Nektarinen an einem dunklen, kühlen Ort mindestens 2 Monate und bis zu 6 Monate stehen lassen.

⊖ Aufbewahren

Das Glas hält sich an einem dunklen, kühlen Ort bis zu 6 Monate. Geöffnet ist es 3 Monate im Kühlschrank haltbar.

ROSMARIN-THYMIAN-ESSIG

Ganzjährig

Dieser Kräuteressig gibt Dressings, Salaten, Eierspeisen und Saucen eine besonders aromatische Note. Denken Sie daran, dass der Essig 5 Prozent Säure enthalten sollte und nachgegossen werden muss, damit die Kräuter ihn aufsaugen und sie die ganze Zeit über vollständig von ihm bedeckt sind.

Ergibt 500 ml / Vorbereitungszeit 5 Minuten / Einlegezeit 2 Wochen
Utensilien: 1 sterilisierte Schraubflasche mit 500 ml Fassungs-vermögen (S. 206)

Zutaten:

3 Zweige Thymian

2 Zweige Rosmarin

500 ml Weißweinessig

Zubereitung:

Die Kräuter im Mörser grob zerstoßen, damit sie ihre Aromen abge-ben. Die Kräuter durch den Hals der sterilisierten Flasche drücken. Mit einem Trichter den Essig einfüllen. Dabei darauf achten, dass die Kräuter vollständig bedeckt sind. Die Flasche fest verschließen und den Essig vor der Verwendung an einem dunklen, kühlen Ort 2 Wochen stehen lassen.

 **Aufbewahren**

Die Flasche hält sich an einem dunklen, kühlen Ort bis zu 18 Monate. Innerhalb von 3 Jahren verbrauchen.

Register